警察体育基础教程

JINGCHA TIYU JICHU JIAOCHENG

主　编◎孙　岩
副主编◎朱广新　郝雪辉　张亚峰
参　编◎任艳青　孙久健　张赫男　郑钧健

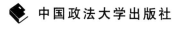

中国政法大学出版社

2025·北京

图书在版编目（CIP）数据

警察体育基础教程 / 孙岩主编. -- 北京：中国政法大学出版社, 2025. 7. -- ISBN 978-7-5764-2199-6

Ⅰ. G87

中国国家版本馆CIP数据核字第202551TU05号

书　　名	警察体育基础教程	
出 版 者	中国政法大学出版社	
地　　址	北京市海淀区西土城路 25 号	
邮　　箱	fadapress@163.com	
网　　址	http://www.cuplpress.com (网络实名：中国政法大学出版社)	
电　　话	010-58908435(第一编辑部) 58908334(邮购部)	
承　　印	保定市中画美凯印刷有限公司	
开　　本	720mm×960mm　1/16	
印　　张	14	
字　　数	227 千字	
版　　次	2025 年 7 月第 1 版	
印　　次	2025 年 7 月第 1 次印刷	
印　　数	1~5000 册	
定　　价	49.00 元	

前言

　　警察体育是人民警察进行正规化、军事化、现代化建设中不可缺少的教育训练内容，是学习掌握人民警察警务技术技能、培养人民警察忠诚意识和使命感的重要手段。在任何警察院校，警察体育都是一门基础课程，作为人民警察培养过程中的核心环节，其不仅承载着增强体质、促进健康的基本任务，更肩负着培养人民警察专业警务技术技能的重要使命。

　　党的二十大报告强调了要全面加强练兵备战，提高人民军队打赢能力，同时也提出了推进国家安全体系和能力现代化，坚决维护国家安全和社会稳定的要求。这些精神同样适用于警察体育，为警察体育的发展提供了明确的指引。警察体育作为提高警察身体素质、战斗技能和团队协作能力的重要手段，其教学必须紧密围绕党的二十大精神，引导学员深刻领会其精神实质，并在警体训练中加以实践，不断加强训练，提高学员的实战能力。

　　司法行政系统担负着教育改造罪犯和戒毒人员，打击监狱、戒毒所内刑事犯罪，维护监管场所安全的艰巨任务，为了规范和提高司法行政系统人民警察队伍的警务技术技能素质，并结合中央司法警官学院警察体育基础教学实践的需要，我们组织编写了《警察体育基础教程》。它对于培训和提高司法行政系统人民警察（或学员）的警体素质和业务素质具有一定的指导作用。因此它既可以作为中央司法警官学院警体教学教材，也可以作为司法行政系统人民警察警务素质培训教材。

　　本教材的主编为孙岩，副主编为朱广新、郝雪辉、张亚峰，任艳青、孙久健、张赫男、郑钧健参与撰写。

　　基于教材内容，编写分工如下（以章节先后为序）：

　　孙岩：第一章、第九章；

　　郝雪辉：第二章、第三章；

朱广新、张亚峰：第四章、第五章第二节；

任艳青、孙久健：第五章第一节、第六章；

张赫男：第七章；

郑钧健：第八章；

全书由主编、副主编统稿，编委会审定。

本书在编写过程中，参阅了许多有关书籍和资料，并得到了院领导的大力支持，谨此表示感谢。

鉴于编者水平有限，并且时间仓促，本教材难免有不足之处，请使用本教材的师生和读者提出宝贵意见，以便今后修改。谨此表示感谢。

主编 孙岩

2025 年 3 月

目录 / Contents

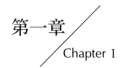

第一章
Chapter 1

警察体育概述

通过本章的学习，主要是让学员了解、掌握警察体育的概念，警察体育的研究对象，警察体育的目的与任务，警察体育的基本内容、特点和要求，以及实现警察体育学习目的、任务的基本途径、方法和要求等基本理论知识，为进一步学习掌握警察体育相关的基础知识、技术和技能打下理论基础。

第一节　警察体育的概念和研究对象

一、警察体育的概念

警察体育（简称警体）是培养人民警察职业特性的体育教育，是警察学与体育学紧密结合的理论性和实践性都很强的一门应用学科。它是以身体练习为主要手段，以增强人民警察体质，提高人民警察专业技能，丰富人民警察文化生活，促进人民警察精神文明建设，提高人民警察意志品质为主要任务的一种有意识、有目的的身体运动和社会活动。警察体育属于体育的一个分支，具有体育的共性，如增强体质、培养意志品质等。同时，警察体育还具有自身的特性，如职业性、实战性、全面性等。

警察体育的主要内容包括警察身体素质训练、警察警务实战技能训练、警察警务执法思维培养、警察身心健康保障、警察体育教育开展、警察体育竞技活动训练与竞赛、警察体育文化建设等。这些内容的目的是提高警察的体能、技能、执法水平和身心健康水平，使其更好地履行职责，维护社会稳定，保障人民安全。警察体育的开展方式多种多样，包括体能训练、技能训练、模拟实战、心理训练等。

二、警察体育的研究对象

警察体育的研究对象是人民警察体质的发展规律；人民警察应当掌握的警察专业知识、技术和技能，以及教学训练方法、手段；人民警察应当具备的意志品质，纪律作风；人民警察的心理素质及其训练与培养方案；与警察体育有关的其他学科（如体育学、教育学、伦理学、训练学、心理学、法学、警察学、运动力学、运动生理学、运动解剖学、运动医学等）等。弄清楚警察体育的研究对象，对警察体育事业的发展，增强人民警察的体质，提高人民警察专业技能和战斗力，维护国家稳定都具有十分重要的意义。

警察体育作为警察教育训练体系的重要组成部分，其研究对象涵盖了体能训练、技能训练和心理训练等多个方面。通过对这些方面的深入研究和实践探索，可以不断提升警察队伍的整体素质和战斗力，为维护社会稳定和人民群众安全提供有力保障。同时，我们也应关注未来发展趋势，不断创新研究方法和手段，推动警察体育研究的深入发展。

第二节　警察体育的目的与任务

一、警察体育的目的

警察体育的目的是警察体育活动的出发点，也是警察体育活动的归宿，它决定着警察体育的发展方向。只有明确了警察体育的目的后，才能系统地，有组织、有计划地向着预定目标前进。

根据人民警察工作性质、特点以及中国特色社会主义建设需要，警察体育的目的是：提升人民警察身体素质与战斗力；强化人民警察团队协作与纪律性；促进人民警察队伍身心健康与缓解压力；为人民警察队伍职业发展前景服务；丰富人民警察的文化生活，为建设具有中国特色的社会主义服务。

二、警察体育课程的基本任务

警察体育的目的是警察体育工作的总目标和方向，要达到这一总目标，需要完成以下基本任务：

1. 增强人民警察的体质，提高健康水平。人民警察是国家机器，是人民民主专政的工具。它担负着维护国家安全和保障人民的生命、财产安全，打击刑事犯罪，教育惩罚罪犯的重任。因此，人民警察长期处于繁重、复杂的工作环境中，如果没有强健的体魄和良好的体质，是很难完成这一艰巨任务的。人民警察的体质强弱与好坏，受多种因素影响，而警察体育对人民警察体质的影响是最积极有效的。因此，警察体育把增强人民警察的体质，提高健康水平作为首要任务。增强人民警察的体质内容包括：促进体格健壮，全面发展体能，提高机体适应能力和促使人精力充沛、生命力旺盛等。

2. 掌握警察体育的基本知识、技术和技能，养成良好的警体锻炼习惯。人民警察在实际工作中不仅要具有良好的体魄，还要具有与犯罪分子作斗争的本领。因此，人民警察就必须熟练地掌握警察体育的基本知识、技术和技能，养成良好的警体锻炼习惯。这里的基本知识、技术和技能既包括普通体育方面，也包括警察职业实用性体育方面。人民警察掌握一些普通体育的基本知识、技术和技能是为了增强自身体质，提高工作效率，以及加强教育改造罪犯的能力；掌握警察实用性体育知识、技术和技能，是为了在实际工作中应对各种突发事件，打击狱所内的刑事犯罪，维护国家安全，保障人民生命安全与财产安全。因此，掌握警察体育的基本知识、技术和技能是警察体育的一项十分重要的基本任务。

3. 培养人民警察高尚的思想品德和勇敢、果断、顽强的意志品质，以及严格的组织纪律性。人民警察的职业特点和工作性质，要求人民警察必须具有高尚的思想品德和勇敢、果断、顽强的意志品质，具有听从指挥、服从命令的严格组织纪律性。这些优良品质的培养，主要依靠严格的警体训练来获得，因此在警体训练中必须严格要求，刻苦训练，才能把这一任务完成好。

4. 丰富人民警察的文化生活。广大人民警察在紧张繁重的工作之余，也需要享有高度文明的精神生活。这种精神生活既包括在业余时间善于运用各种体育运动方法和手段来锻炼身体，增强体质，也包括像欣赏文艺一样，欣赏高水平的体育表演和竞赛，从而调节人民警察的精神，愉悦身心，丰富他们的业余生活。

第三节 实现警察体育目的、任务的基本途径、方法和要求

一、实现警察体育目的与任务的基本途径

科学制定教学计划：根据警察职业特点和实际需求，制定针对性的教学计划，确保教学内容贴近实战，有效提升警察的体能和实战技能。

加强体能训练：通过力量训练、耐力训练、柔韧性训练等，提高警察的身体素质，为警务工作提供有力保障。

注重实战化技能训练：注重实战化训练，加强警务技能、格斗技能、射击技能等方面的训练，提高警察的实战能力。

加强心理素质培养：加强心理素质教育，提高警察的心理承受能力和应对压力的能力，培养稳定的情绪和坚毅的意志品质。

二、实现警察体育目的与任务的方法

集中训练与分散训练相结合：根据训练内容和需要，采用课上集中训练和课下分散训练相结合的方式，确保训练效果的最大化。

理论与实践相结合：在训练中注重理论与实践的结合，通过案例分析、模拟演练等方式，使警察能够熟练掌握和运用所学知识。

考核与评估：建立科学的考核评估机制，定期对警察的体能、技能和心理素质进行评估，以检验训练成果并及时调整训练计划。

三、实现警察体育目的与任务的要求

领导重视与支持：各级领导应高度重视警察体育工作，为训练提供必要的场地、器材和师资力量，确保训练工作的顺利开展。

教官队伍建设：加强教官队伍建设，选拔具有丰富实战经验和教学经验的优秀教官，提高训练质量。

制度保障与监督：建立健全警察体育训练的相关制度和规定，确保训练工作的规范化和制度化。同时，加强监督检查，确保训练计划的落实和训练效果的达成。

考察与交流：在未来的警察体育训练中，还应不断创新训练模式和方法，适

应警务工作的新变化和新挑战。同时，加强国际交流与合作，借鉴其他国家和地区的先进经验，不断提升我国警察体育训练的水平和质量。

　　总之，实现警察体育学习目的和任务需要遵循科学的训练原则和方法，注重理论与实践的结合，加强体能训练、实战化技能训练和心理素质培养。同时，需要领导的支持和重视，教官队伍的建设以及制度保障与监督的落实。通过这些途径、方法和要求的共同努力，可以有效地提升警察的身体素质和实战能力，为保障社会安全和稳定发挥重要作用。

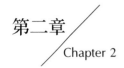

第二章
Chapter 2

警察队列训练概述

    队列训练是人民警察训练中必不可少的一项练习内容，是加强人民警察队伍的现代化、正规化建设的一项重要组成部分。队列动作是人民警察精神面貌的一种体现，是进行各项专业训练的基础。队列训练对于培养高度自觉的组织纪律性，养成服从命令、听从指挥的良好习惯，达成准确、迅速、协调一致的行动，锻炼坚决顽强、勇往直前的精神，培养良好的人民警察姿态、严整的警容和警官气质，培养集体荣誉感，克服怕苦、怕累的思想，锻炼意志，提高学习、工作效率，养成讲文明、讲礼貌的新风貌等方面具有重要意义。

    监狱、强制戒毒所等单位的人民警察，作为一个警种，是人民警察队伍的重要组成部分。他们肩负着教育改造罪犯及强制戒毒人员的重要任务。因此，监狱、强制戒毒所等单位的人民警察应该积极参加队列训练，学好队列动作，以适应监管工作的需要。

第一节　队列训练和队列生活的基本要求

一、在队列指挥中对指挥员的要求

1. 姿态端正、精神振作、动作准确、以身作则、做好表率。

2. 集合站队时要清点人数、检查着装。

3. 严格要求、认真维护队列纪律。

4. 正确选择指挥位置。指挥位置应便于指挥和通视全体，通常是：停止时，在队列中央前；行进间，纵队时在左侧中央前，横队、并列纵队时在左侧前或左侧，必要时在右侧前或右侧；变换指挥位置通常用跑步（5 步以内用齐步）；进到预走位置后，成立正姿势下达口令；纵队行进时，可在行间下达口令。

5. 要用口令和口令词指挥。口令要准确、清楚、洪亮；指挥时不得指手画脚；预令长短适当、动令短促有力。行进间动令落在右脚，向左转走时落在左脚。

6. 带队操练前后，如需要请示报告时，应跑步至上级领导前 5~7 步处，成立正姿势，行举手礼。礼毕后，向上级领导报告情况。报告完毕待上级领导指示后，答"是"再敬礼。礼毕后，跑步回到原位置（队列前）下达"稍息"的口令或依照上级领导指示发出口令。报告词要简明、扼要。通常包括称呼、单位、正在进行的内容或其他活动、"请指示"口令、报告人职务及姓名。向外来上级领导报告应加报告人职务及姓名，向本单位的领导报告可不加报告人职务及姓名。参加会操、考核、集会等活动时，在报告词中加入实到人数。报告词示例如下（以中队向上级领导报告为例）：

（1）大队汇操时，中队长向大队长的报告为："大队长同志，××中队正在进行队列训练，请指示，中队长×××。"

（2）中队在进行队列训练时，有上级领导来到时，报告词为："领导同志（指不知其职务的，知道的称其职务），××中队正在进行队列训练，请指示，中队长×××。"

（3）操课时对教员的报告为："教员同志，××中队应到××名，实到××名，缺课×名，请指示，中队长×××。"

二、在队列生活中对学员的要求

1. 坚决执行命令，严格遵守各项规定，做到令行禁止。

2. 按规定的顺序、位置列队，姿态端正，精神振作，严肃认真。

3. 动作要迅速、准确、协调一致。

4. 保持队列整齐、肃静，自觉遵守队列纪律。

5. 因故需要出入列时要报告，经允许后方可出入列。

6. 将学到的队列动作，自觉地用于训练、执勤和日常生活中，做到学用一致。

第二节　队列口令

一、口令的含义

口令是队列训练和日常列队时，指挥员用口述下达的口头命令。人们常说"七分口令，三分动作"。因此，口令在整个队列训练和队列生活中占有很重要的位置。

二、口令的分类

口令根据下达方法不同，可分为以下四种形式：

1. 短促口令。其特点是：只有动令，不论几个字，中间不拖音、不停顿。通常按音节（字数）平均分配时间，有时最后一个字稍长，发音短促有力。如："停""报数""验枪完毕"等。

2. 断续口令。其特点是：预令和动令之间有停顿（微歇）。如："第×名、出列"等。

3. 连续口令。其特点是：预令的拖音与动令相连，有时预令与动令之间有微歇。预令拖音稍长，其长短视队列大小而定；动令短促有力。如："立——定""向后——转"等。有的口令预令与动令都有拖音。

4. 复合口令。兼有连续口令和断续口令的特点。如："以××为准，向中看——齐""左后转弯，齐步——走"等。

三、口令的下达要领

1. 发音部位准确。下达口令用胸音或腹音。胸音（即胸隔膜音）多用于下达短促口令，腹音（即由小腹向上提气的丹田音）多用于下达带拖音的口令。

2. 掌握好音节。下达口令要有节拍，预令、动令和微歇有明显的节奏，使队列人员能够听得清楚。

3. 注意音色，音量不要平均分配。下达口令一般起音要低，由低向高拨音。如："向右看——齐"，"齐"字音要高。

4. 突出主音。下达口令时，把重点字的音量加大。如："向后——转"，要突出"后"字，"向前 x 步——走"，要突出数字。

5. 行进间口令的下达方法一般是：长口令右脚起右脚落，短口令左脚起右脚落，也就是说，行进间动令通常落在右脚，只有向左转走和分列式（齐、正步互换）时动令落在左脚。

第三节　整理着装和着装要求

一、整理着装

人民警察应按规定着装，保持警容整洁。在队列中，听到"整理着装"的口令（稍息时应迅速立正），按警帽、衣领、衣钩、上兜盖、衣扣、下兜盖、腰带、裤扣、鞋子、鞋带等由上至下的顺序迅速整理着装，整理完毕后自行稍息，听到"停"的口令，恢复立正姿势。

二、着装要求

1. 按照规定着警服，缀订、佩戴警衔标志、领带、帽徽、肩章、警号和警种符号。

2. 不同制式服装不准混穿。着小翻领警服时，必须穿、系配发的制式衬衣、领带。

3. 着装要整洁，衣、裤要平整、舒展，不准披衣、敞怀、挽袖、卷裤腿、歪戴帽子、穿拖鞋和赤足，不准在警服外着便服、戴围巾。

4. 扣好领钩、衣裤扣，腰带扎得松紧适度（松紧以可以插进两指为宜），腰带环要对正衣扣线，位于四、五衣扣之间（指冬装）。

5. 鞋袜干净、无破绽，鞋带系成蝴蝶结。

第四节　队列术语

队形——组、班、中队等共同行动时，按条令规定所采取的列队形式。

列——在一条直线上、左右排列成的队形。

路——在一条直线上、前后排列成的队形。

间隔——左右相邻之间的空隙。

距离——前后之间的空隙。

横队——按列排成的队形称为横队，其正面大于纵深。

纵队——按路排成的队列称为纵队，其纵深大于正面。

伍——成数列横队时，前后排列的称为伍。各伍人数与列数相等时叫满伍；各伍人数少于列数叫缺伍。

基准学生（基准分队）——按规定列队站在排头的或指挥员指定的学生（分队）。

两翼——队列的两端。左端为左翼，右端为右翼。

轴翼——分队通过行进变换方向时，处于转弯内侧的一翼称为轴翼，另一翼为外翼。左转弯、左后转弯走时，轴翼在各列左端；右转弯、右后转弯走时，轴翼在各列右端。

步幅——一步的长度，由后脚尖至前脚尖的距离和两脚平行的内侧间隔。

步速——每分钟行进的步数。

第三章
Chapter 3

警察队列训练内容

　　队列训练内容较多，根据在校学生及监狱人民警察的需要，本教材队列训练的内容主要囊括了单个徒手队列动作，班、组徒手队列动作及检阅。队列训练的目的在于培养学生养成良好的警察姿态；克服自由散漫、怕苦怕累的现象；养成服从命令、听从指挥，讲警容、讲礼貌的良好习惯；达到步调一致，令行禁止，整齐划一；树立起整体观念和集体荣誉感。同时，使学生学会徒手队列的动作及组织训练方法，提高监狱人民警察利用队列矫正、改造罪犯的能力，为实现犯人的队列训练及管理打下良好的基础。

第一节　单个徒手队列动作

一、立正、稍息、跨立

（一）立正

立正是人民警察的基本姿势，是队列动作的基础。

口令："立正"。

动作要领：两脚跟靠拢并齐，两脚尖向外分开约60度；两腿挺直；小腹微收；自然挺胸；上体正直，微向前倾；两肩要平，稍向后张；两臂自然下垂，手指并拢自然微屈，拇指指尖贴于食指的第二节，中指贴于裤缝；头要正、颈要直；口要闭、下颌微收、两眼向前平视（如图3-1、3-2）。

图 3-1

图 3-2

动作要点：立正时要精神振奋，姿态要端正。具体做到三挺、两收、两平、一正。"三挺"即挺腿，两膝向后、向上用力，使两腿挺直（之间不留空隙，腿部肌肉紧张适度）；挺胸，胸部自然挺出，两肩稍向后张；挺颈，颈部贴衣领，颈有稍向上挺、头有稍向上顶的感觉。"两收"即小腹微收，下颌微收。"两平"即两肩要平，肩不能紧张，两臂自然下垂；两眼向前平视，要固定视线。"一正"即两脚的角度与身体的方向要正。

训练方法：

1. 手型定位练习。口令："手型定位练习"，"一""二"。听到"一"的口令，两手向前伸出，掌心相对约与腰带同高；听到"二"的口令，放回原处，中指贴于裤缝。

2. 持久练习。按立正的正确动作站好（也可靠墙）持续一段时间，时间由短到长，养成正确的姿势。

（二）稍息

稍息是队列站立时间较长时采用的一种动作。

口令："稍息"。

动作要领：左脚顺脚尖方向伸出约全脚的 2/3，两腿自然伸直，上体保持立正姿势，身体重心大部分落于右脚，稍息过久，可自行换脚。

动作要点：稍息时，上体要始终保持立正姿势；伸脚时，脚跟微抬起，左脚离开地面同时，以脚带腿的顺序迅速伸出，膝关节不得弯曲。

训练方法：

1. 个人体会出脚动作。

2. 反复练习立正、稍息动作。

（三）跨立（即跨步站立）

跨立主要用于器械体操、执勤和舰艇上站立等场合，可与立正互换。

口令："跨立"。

动作要领：左脚向左跨出一脚之长，两腿自然伸直，上体保持立正姿势，身体重心落于两脚之间。两手后背，左手握右腕，右手手指并拢自然弯曲、手心向后（如图3-3、3-4）。

图 3-3

图 3-4

动作要点：跨立时，上体要始终保持立正姿势；左脚向左跨出约 30 公分，左手握右手腕后背于腰际。

训练方法：

1. 先下达"间隔 30 公分，向左离开"的口令，左右拉开距离。

2. 个人体会跨立动作。

3. 跨立与立正互换反复练习。

二、停止间转法

停止间转法是停止间变换方向的方法，分为向右转、向左转、向后转、半面向右（左）转。

（一）向右转

口令："向右——转"。

动作要领：以右脚跟为轴，右脚跟与左脚掌前部同时用力，使身体和脚一致向右转 90 度，重心落在右脚，左脚取捷径迅速靠拢右脚，成立正姿势。转动或靠脚时，两腿挺直，上体保持立正姿势。

（二）向左转

口令："向左——转"。

动作要领：以左脚跟为轴，左脚跟和右脚掌前部同时用力，使身体和脚一致向左转 90 度，重心落在左脚，右脚取捷径迅速靠拢左脚，成立正姿势。转动或靠脚时，两腿挺直，上体保持立正姿势。

（三）向后转

口令："向——后转"。

动作要领：按向右转的要领向后转 180 度。转动时，两腿挺直，裆部夹紧，上体保持立正姿势，两臂不得外张。

（四）半面向右（左）转

口令："半面向右（左）——转"。

动作要领：按照向右（左）转的动作要领，向右（左）转 45 度，转动时，两腿挺直，裆部夹紧，上体保持立正姿势，两臂不得外张。

停止间转法具有共同的动作要点和训练方法，具体如下：

动作要点：在停止间转法的训练过程中，要求做到"夹""挺""稳""准""快"。"夹"即裆部适当用力夹紧；"挺"即在转和靠脚时两腿要挺直；"稳"即转时身体要稳，不得左右晃动；"准"即转的方向准确，靠脚准确；"快"即转体快，前脚掌抓地快，转向新方向取捷径靠脚要快。

训练方法：

1. 分解动作练习。口令："分解动作，向右（左、后）——转""二"。听到动令转向新方向、不靠脚；听到"二"的口令，靠脚成立正姿势。

2. 连贯动作练习。按照转法的动作反复练习。

三、行进与立定

行进和立定是人民警察行动的制式动作，学好这些动作，对于培养良好的人民警察姿态具有重要的意义。行进的基本步法分为齐步、正步、跑步和辅助步法踏步。

（一）齐步和立定

齐步是人民警察行进的常用步法，一般用于队列整齐行进。

口令："齐步——走""立——定"。

动作要领：左腿向正前方迈出约 75 厘米着地，身体重心前移，右脚照此法动作；上体正直，微向前倾；手指轻轻握拢，拇指贴于食指第二节；两臂前后自然摆动，向前摆臂时，肘部弯曲，小臂自然向里合，手心向内稍向下，拇指根部正对衣扣线，并与最下方衣扣同高，离身体约 25 厘米；向后摆臂时，手臂自然伸直，手腕前侧距裤缝线约 30 厘米（如图 3-5、3-6）。行动速度约每分钟 116~122 步。

图 3-5

图 3-6

听到"立——定"的口令，左脚再向前大半步着地、两腿挺直，右脚取捷径迅速靠拢左脚，成立正姿势。

动作要点：齐步和立定的动作要做到走直线，身体稳，摆臂自然定位，靠脚准确有力。"走直线"即两脚尖向正前，两脚内侧在一线，不要走"八字步"。"身体稳"即上体正直、不扭、不晃、保持身体平稳。"摆臂自然定位"即肩关节放松，两臂摆动要自然，前摆时手要做到三定位，一定：手距身体 25 厘米；二定：手的最高部位与下方衣扣同高；三定：拇指根肉厚部对正衣扣线。"靠脚准确有力"即右脚靠拢左脚时，脚跟应并齐有力，靠脚放臂要协调一致。

训练方法：

1. 摆臂练习。主要解决摆臂定型问题。口令："摆臂练习"，"一""二""停"。听到"一"的口令，按齐步摆臂要领，右臂在前，左臂在后；听到"二"的口令，换摆臂；听到"停"的口令，两手放下。

2. 立定练习。主要解决靠脚准确有力，靠脚放臂协调一致问题。口令："三步一靠，齐步——走""二"。听到"齐步——走"的口令向前迈出3步，不靠脚；听到"二"的口令靠脚，同时放臂。

3. 连贯练习。按动作要领要求，反复练习。

（二）正步与立定

正步是一种礼节性步法，主要用于分列式和其他礼节性场合。它的踢腿、摆臂较复杂，是行进和立定训练的重点。

口令："正步——走""立——定"。

动作要领：左脚向正前方踢出（腿要绷直，脚尖下压，脚掌与地面平行且离地面约25厘米）约75厘米，适当用力使全脚掌着地，同时身体重心前移，右脚照此法动作；上体正直，微向前倾；手指轻轻握拢，拇指贴于食指第二节；向前摆臂时，肘部弯曲，小臂略成水平，手心向内稍向下，手腕下沿摆到高于最下方衣扣约10厘米处，离身体约10厘米；向后摆臂时，左手心向右，右手心向左，手腕前侧距裤缝线约30厘米（如图3-7、3-8）。行进速度约每分钟110~116步。

图3-7   图3-8

听到"立——定"的口令，左脚再向前大半步落地，脚尖稍向外张，两腿挺直；右脚取捷径迅速靠拢左脚，同时将手放下，成立正姿势。

动作要点：正步和立定的动作可归纳为踢、绷、摆、跟四个字。"踢"即稍提胯，小腿带大腿迅速踢出。"绷"即绷脚腕，压膝盖，使脚绷直。"摆"即摆臂时，向前摆过身体一侧垂直线时边摆边迅速折臂，向后摆时，向下向正后摆到自然摆不动为止（手离裤线约30厘米）。"跟"即身体前倾，脚适当用力着地。

训练方法：可分四步进行：一摆臂，二踢腿，三臂腿结合，四连贯动作练习。

1. 摆臂练习。目的是达到摆臂定型。

口令："摆臂练习，一"、"二"、"停"。听到"一"的口令按摆臂动作摆到位；听到"二"的口令换摆臂；听到"停"的口令将手放下。为便于记住摆臂动作要领，可归纳为一正、二摆、三平、四对、五定。"一正"即上体正直；"二摆"即两臂前后摆动，向前摆时肘部弯曲，向后摆时肘部伸直；"三平"即向前摆时小臂略平；"四对"即向前摆手腕对正衣扣线；"五定"即定高度，前摆手腕下沿摆到高于最下方衣扣约 10 厘米处、离身体约 10 厘米，后摆手离裤线约 30 厘米。

2. 踢腿练习。目的是掌握踢腿的动作要领。

（1）一步两动练习。口令："踢腿动作练习准备"，"一步两动"，"一""二""停"。听到"准备"的口令，两手向后互握小臂；听到"一"的口令，左脚踢出；听到"二"的口令左脚着地，右脚向前跟，前脚掌着地，脚尖距左脚后约 10 厘米~20 厘米；尔后按"一""二"的口令反复练习；听到"停"的口令，在靠脚的同时将手放下。

（2）一步一动练习。口令："踢腿练习准备"，"一步一动"，"一""二""停"。听到"准备"的口令，动作同一步两动；听到"一"的口令，左脚踢出，着地后右脚踢出；听到"二"的口令，右脚着地，左脚踢出；尔后按"一""二"的口令反复练习；听到"停"的口令，在靠脚的同时将手放下，成立正姿势。

（3）连贯动作练习。口令："踢腿练习准备"，"正步——走"，"立——定"。听到口令，按踢腿的动作反复练习，立定时将手放下。

踢腿练习时，要做到一踢、二直、三平、四定。"一踢"就是脚要迅速踢出；"二直"是腿要绷直；"三平"是脚掌与地面平行；"四定"是定脚掌与地面 25 厘米的高度，定前脚着地时距后脚 75 厘米的距离。

3. 臂腿结合练习。目的是解决绷压脚面和踢腿摆臂结合时机问题。

（1）一步两动练习。口令："一步两动，正步——走""二""停"。听到"正步——走"的口令，踢左脚的同时摆臂；听到"二"的口令，左脚着地臂不动，后脚前跟，脚尖距左脚后 10 厘米~20 厘米，前脚掌着地；而后按"一"

"二"的口令交替反复练习；听到"停"的口令，在靠脚的同时，将手放下，成立正姿势。

（2）一步一动练习。口令："一步一动，正步——走""二""停"。听到"正步——走"的口令，左脚踢出的同时摆臂；听到"二"的口令，左脚着地。右脚踢出的同时换摆臂；尔后按"一""二"的口令交替进行，反复练习；听到"停"的口令左脚着地，后脚靠脚的同时将手放下。

练习时要做到四直、二平，即前腿绷直，后腿蹬直，上体正直，臂向后摆直，向前摆小臂要平，脚掌与地面平行。

4. 连贯动作练习，目的是解决行进的节奏、步速、步幅和腿臂的结合问题。

练习时，按正步与立定的口令及动作要领，先慢后快进行练习，连贯动作要求臂、腿协调一致，做到摆臂踢腿迅速，同时定位，在空中稍有停顿，脚落地时臂不动，踢腿换摆臂。可结合步幅线、高度线、音响器、秒表等进行练习。

（三）跑步和立定

口令："跑步——走""立——定"。

动作要领：听到预令，两手迅速握拳（四指卷握，拇指贴在食指第一关节和中指第二节上），提到腰际，约与腰带同高，拳心向内，肘部稍向里合（如图3-9）。听到动令，上体微向前倾，两腿微弯，同时左脚利用右脚掌的弹力跃出约80厘米，前脚掌先着地，身体重心前移，右脚照此法动作；两臂前后自然摆动，向前摆臂时，大臂略直，肘部贴于腰际；小臂略平，稍向里合，两拳内侧各距衣扣线约5厘米；向后摆臂时，拳贴于腰际（如图3-10）。行进速度约每分钟170~180步。

图3-9

图3-10

听到"立——定"的口令，继续向前跑两步，然后左脚向前大半步（两拳收于腰际，停止摆动）着地，右脚靠拢左脚，同时将手放下成立正姿势。

动作要点：听到预令腿不弯，体不倾；听到动令，左脚利用右脚掌弹力，跃出 80 厘米；前进时，利用前脚掌的弹力；摆臂轻贴身体，水平前后自然摆动；立定时做到跑两步，缓减速，最后一步腿挺直，右臂不摆，左臂收，靠脚的同时将手放下。

训练方法：练习时，可按摆臂练习、第一步跃出练习、立定练习和连贯动作练习四步来训练。

1. 摆臂练习。口令："摆臂练习——跑步""一""二""停"。听到跑步的预令，两手迅速握拳提到腰际；听到"一"的口令，右臂前摆，稍向里合，小臂要平，前摆不露时，里合不过衣扣线，左臂后摆不露手，肘不外张；听到"二"的口令换摆臂；听到"停"的口令收臂，将手放下。

2. 第一步跃出练习。口令："分解动作，跑步——走""二"，而后再按"一""二"的口令指挥。听到"分解动作，跑步——走"的口令，左脚利用右脚掌的弹力跃出并着地，右腿在后自然伸直脚离地面；听到"二"的口令，右脚利用左脚的弹力跃出并着地，左脚在后自然伸直，脚离地面，反复进行，两臂随着摆动。

3. 立定练习。口令："立定练习三步一靠（或五步一靠）""跑步——走""二"。听到动令，按动作要领向前跑三步（或五步），不靠脚，听到"二"的口令，靠脚同时将手放下。

4. 连贯动作练习。口令："跑步——走"。听到动令，左脚跃出同时右臂前摆，而后交替进行，头部和上体稍向前倾，两眼平视前方，步速由慢到快反复进行。

（四）踏步与立定

踏步用于调整步伐和整齐。

口令：停止间口令："踏步——走""立——定"；行进间口令："踏步""立——定"。

动作要领：两脚在原地上下起落（抬起时，脚尖自然下垂，离地面约 15 厘米；落下时，脚掌先着地），上体保持正直，两臂按起步或跑步摆臂要领摆动

（如图 3-11、3-12）。

踏步时，听到"前进"的口令，继续踏两步，再换齐步或跑步前进。

踏步时，听到"立——定"的口令，左脚踏一步，右脚靠拢左脚，原地成立正姿势（跑步的踏步，听到口令，继续踏两步，再按上述要领进行）。

动作要点：两脚原地上下起落，抬起时，脚尖自然下垂，离地面 15 厘米，速度同齐步、跑步；立定时，最后一步不得移动，在右脚就地下落靠拢左脚同时，左臂由前，右臂由后收回。跑步立定时，按跑步动作要领靠脚放臂。

训练方法：可参照齐步（跑步）与立定。

图 3-11   图 3-12

四、步法变换

步法变换是由一种步法变换成另一种步法，以便适应不同情况的行进。步法变换时，均从左脚开始。

（一）齐步、正步互换

口令："正步——走""齐步——走"。

动作要领：在齐步进行中，听到"正步——走"的口令，即从左脚开始，按正步走的动作要领继续行进。在正步行进中，听到"齐步——走"的口令，即从左脚开始，按齐步走的动作要领继续行进。

（二）齐步、跑步互换

口令："跑步——走""齐步——走"。

动作要领：在齐步行进中，听到"跑步"的预令，两手迅速握拳提到腰际，两臂前后自然摆动；听到动令，即换跑步行进。在跑步行进中，听到"齐步——

走"的口令，继续跑2步，从第三步即左脚开始换成齐步行进。

（三）齐步、跑步与踏步的互换

动作要领：齐步换踏步时，听到口令，即从左脚开始换踏步。跑步换踏步时，听到口令，继续跑2步，然后换踏步。踏步换齐步或跑步时，听到口令，继续踏两步，再换齐步或跑步行进。

动作要点：变换步法从左脚开始要明显；除齐步换跑步外，换臂换腿要一致；齐步换跑步时，听到预令后，握拳提到腰际要迅速，摆动要自然；跑步换齐步时，必须按齐步的步速和动作行进。

步法变换训练方法：

1. 分解动作练习（以齐步换正步，齐步换跑步为例）。

（1）齐步换正步。口令："分解动作、正步——走""二"。听到"分解动作、正步——走"的口令，左脚踢出不着地，踢腿同时要按正步摆臂；听到"二"的口令，按正步动作行进。

（2）齐步换跑步。口令："分解动作、跑步——走""二"。齐步进行时，听到"分解动作、跑步——走"的口令，左脚利用右脚掌的弹力跃出并着地，右脚在后自然伸直，脚离地，两臂按跑步的动作摆动；听到"二"的口令，按跑步动作行进。

2. 连贯动作练习。

五、行进间转法

行进间转法是行进间变换方向的方法。

（一）齐步、跑步向右（左）转

口令："向右（左）转——走"（向右转走的口令落在右脚，向左转走的口令落在左脚）。

动作要领：左（右）脚向前半步（跑步时，继续跑两步，再向前半步），脚尖向右（左）约45度，身体向右（左）转90度时，左（右）脚不动，同时出右（左）脚按原步法向新方向行进。

半面向右（左）转走，按向右（左）转走的要领转45度；转动时，保持行进时的节奏，两臂自然摆动，不得外张，两腿自然挺直，上体保持正直。

（二）齐步、跑步向后转

口令："向后转——走"。

动作要领：左脚向右前迈出约半步（跑步时，继续跑 2 步，再向前半步），脚尖向右 45 度，以两脚的前脚掌为轴，向后转 180 度，出左脚按原步法向新方向行进。转动时，保持行进时的节奏，两臂自然摆动，不得外张；两脚自然挺直，上体保持正直。

齐步向左（右、后）转动的要点：向前半步不宜过大，上步的脚中心应位于另一只脚的脚尖延长线上（约 45 度角），向左（右）转时，两脚不转动；向后转时，以两脚的前脚掌为轴，两腿自然挺直，转时两臂自然摆动，转体、出脚、摆臂要一致，上体保持正直。

跑步向左（右、后）转的要点：听到口令按原来的步幅跑 2 步，再向前跑的半步不宜过大；转体、出脚，摆臂一致。向后转动时，以两脚掌为轴，从右后转 180 度，两腿自然挺直，两臂自然摆动，上体保持正直。

六、敬礼

敬礼是表示人民警察相互间团结友爱，表示部属与首长、上级与下级间相互尊重的必要礼节。人民警察必须有礼节，部属或下级在见到首长或上级时应首先敬礼，首长或上级应当还礼。

（一）敬礼与礼毕

1. 举手礼。

口令："敬礼""礼毕"。

动作要领：听到"敬礼"的口令后，上体正直，右手取捷径迅速抬起，五指并拢自然伸直，中指微接帽檐右角前约 2 厘米处（戴无帽檐帽时，微接太阳穴上方帽墙下沿），手心向下，微向外张（约 20 度），手腕不得弯曲，右手大臂略平，与两肩略成一线，同时注视受礼者（如图 3-13）。听到"礼毕"的口令，将手放下。

2. 注目礼。

口令："敬礼""礼毕"。

动作要领：听到"敬礼"的口令后，面向受礼者成立正姿势，同时注视受礼者，并且目迎目送（右、左转头角度不超过 45 度）。听到"礼毕"的口令，将头转正。

（二）单个敬礼

动作要领：在距受礼者 5~7 步处，行举手礼。停止间徒手时，应面向受礼者立正，行举手礼，待受礼者还礼后礼毕。行进间（跑步时换齐步）转头向受礼者行举手礼（手不随头移动），并继续行进，右臂仍自然摆动（如图3-14），待受礼者还礼后礼毕，礼毕后继续行进。

图3-13　　　　　　　　　　　　　　　图3-14

（三）分队敬礼

1. 停止间敬礼。

动作要领：当上级（首长）进到距本分队适当距离时，指挥员下达"立正"的口令，跑步到上级（首长）前5~7步处敬礼，礼毕后向首长报告。

2. 行进间敬礼。

动作要领：由带队指挥员按单个行进间敬礼的规定实施，队列人员按照原步法进行。

分队敬礼动作要点：

（1）停止间徒手敬礼：左手取捷径迅速抬起，手臂定位，符合要领，大臂略平并同两肩略成一线。

（2）行进间徒手敬礼：两臂摆动自然，转头时手臂不能转动。

分队敬礼训练方法：

（1）手形练习。口令："手形练习""一""二"。听到"一"的口令，右手取捷径迅速抬起于右胸前，手心向内，由立正手形变为敬礼手形；听到"二"的口令，将手放下，恢复立正手形。

（2）分解动作练习。口令："分解动作""一""二""三"。听到"一"的口令，右手向内，由立正手形变为敬礼手形；听到"二"的口令，中指微接帽檐右角前约2厘米处，手心向下，微向外张，手腕挺直，右大臂略平，与两肩略成一条线；听到"三"的口令，将手放下。

（3）连贯练习。按照敬礼动作要领反复练习。

七、脱帽、戴帽

口令："脱帽""戴帽"。

动作要领：听到"脱帽"的口令后，双手捏帽檐或帽前端两侧，将帽取下，置于左小臂，帽徽向前，掌心向上，四指扶帽檐或帽前端中央处，小臂略成水平（如图3-15）。听到"戴帽"的口令后，双手捏帽檐或帽前端两侧，将帽迅速戴正（如图3-16）。

图 3-15

图 3-16

动作要点：脱戴帽的动作要点可归纳为捏、平、正。"捏"即脱戴帽时双手捏帽檐或帽前端两侧；"平"即持帽的左小臂要略成水平；"正"即脱帽后，持帽的左小臂及帽徽要正对前方，戴帽要正。

训练方法：

1. 分解动作练习。口令："分解动作""脱帽一""二""三"。听到"脱帽一"的口令，双手捏帽檐或帽前端两侧；听到"二"的口令，将帽取下，置于左小臂，帽徽向前，掌心向上，四指扶帽檐或帽前端中央处，小臂略成水平，右手扶帽右侧；听到"三"的口令，左手不动，将右手放下，成立正姿势。戴帽的分解动作按脱帽分解动作的相反顺序进行。

2. 脱帽、戴帽连贯动作练习。

八、坐下、蹲下与起立

（一）坐下与起立

口令："坐下""起立"。

动作要领：听到"坐下"的口令后，左小腿在右小腿后交叉，迅速坐下。两手自然放在两腿上，上体保持正直。听到"起立"的口令后，上体稍向前倾，用两脚外侧力量（手不撑地），全身协力，迅速起立，左脚靠拢右脚，恢复立正姿势。

动作要点：坐下时，两脚外侧着地支撑身体，身体微向前倾，并保持正直。起立时，利用两脚外侧力量，上身稍向前倾，全身协力，迅速起立。

训练方法：

1. 分解动作练习。口令："分解动作、坐下一""二"；"起立一""二"。听到"分解动作、坐下一"的口令，左小腿在右小腿后交叉；听到"二"的口令，迅速坐下。听到"起立一"的口令，迅速起立；听到"二"的口令，靠脚恢复立正姿势。

2. 连贯动作练习。

（二）蹲下与起立

口令："蹲下""起立"。

动作要领：听到"蹲下"的口令后，右脚后退半步下蹲，臀部坐在右脚跟上（膝盖不着地）。两手自然放在两膝上，上体保持正直。蹲下太久，可自行换脚（换脚时先收回左脚再出右脚）。听到"起立"的口令时，全身协力，迅速起立，恢复立正姿势。

动作要点：蹲下时，右脚后退半步要适当，腿不弯，蹲下迅速，上体正直，两眼向前平视，不低头。起立时，用左脚全脚掌和右脚前脚掌蹬地的力量，迅速起立。

训练方法：

1. 分解动作练习。口令："分解动作、蹲下一""二"；"起立一""二"。听到"分解动作，蹲下一"的口令，右脚后退半步；听到"二"的口令，迅速蹲下，臀部坐在右脚跟上。听到"起立一"的口令，迅速起立；听到"二"的口令，恢复立正姿势。

2. 连贯动作练习。

第二节　班徒手队列动作

一、班的队形

班的基本队形分为班横队和班纵队（如图 3-17）。班长位于班队列的排头。队列训练时，按人员的身高由高到低进行列队。

班横队人员之间的间隔（两肩之间）约 10 厘米，班纵队人员之间的前后距离（前一名脚后跟至后一名脚尖）约 75 厘米。

需要时，班可以成两列横队或两路纵队（如图 3-18）。成班两列横队时，单数学员在前，双数学员在后；成班两路纵队时，单数学员在左，双数学员在右。

训练标准与要求：

1. 横队时，指挥员与队列约成等腰三角形。

2. 纵队时，指挥员与队列成一条直线，距基准学员 3~5 步的距离。

3. 指挥员和队列中的学员要做到：精神振奋，警姿端正，警容严整。

动作要点：

1. 指挥员与排面或基准学员距离准确，符合动作标准。

2. 队列中相邻学员间隔、距离准，站立方向正。

图 3-17　　　　　　　　　　　　　　　　　图 3-18

二、集合、解散

班集合分班横队和班纵队两种。集合时，班长应先发出预告或信号，如"全班注意"，然后站在预定集合队形的中央前，下达"成××队形——集合"的口令，所有人员听到预告或信号后原地面向班长成立正姿势。听到口令，跑步面向班长集合（在班长后侧的人员，应从班长右侧绕过，其余位置的人员取捷径集合），自行对正、看齐，成立正姿势。

（一）班横队集合与解散

口令："成班横队——集合"或"成班二列横队——集合"、"解散"。

动作要领：当听到"成班横队——集合"或"成班二列横队——集合"的口令后，基准学员迅速取捷径到班长左前方适当位置成立正姿势；其他学员以基准学员为准，依次向左排列，自行看齐。成二列横队时单数学员在前，双数学员在后，自行对正。听到"解散"的口令时，全班迅速解散并离开原来位置。

动作要点：集合时，指挥员发出预告后，应略加停顿，随即选择方向发出集合的口令；基准学员选择位置准；集合后，队列中学员动作迅速准确，以小碎步自行看齐。

训练方法：分班练习。

（二）班纵队集合与解散

口令："成班纵队——集合"或"成班二路纵队——集合"、"解散"。

动作要领：当听到"成班纵队——集合"或"成班二路纵队——集合"的口令后，基准学员迅速取捷径到班长正前方适当位置（5~7步的距离）成立正姿势，其他学员以基准学员为准，依次向后排列，自行对正。成二路纵队时单数学员在左，双数学员在右，自行对正、看齐。听到"解散"的口令时，全班迅速解散并离开原来位置。

动作要点：集合时，指挥员发出预告后，应略加停顿，随即选择方向发出集合的口令；基准学员选择位置准；集合后，队列中学员动作迅速准确，以小碎步自行看齐。

训练方法：分班练习。

三、整齐、报数

（一）整齐

整齐是使队列排面保持一致的方法。分向左（右）、向中看齐。

1. 向左（右）看齐。

口令："向左（右）看——齐""向前看"。

动作要领：基准学员不动，其他学员迅速向左（右）转头，眼睛看左（右）邻学员的腮部，前 4 名能通视基准学员，自第 5 名起，能通视到本人以左（右）的第 3 人为度。后列学员应先对正后看齐。听到"向前——看"的口令，迅速将头摆正，恢复立正姿势。

2. 向中看齐。

口令："以××为准，向中看——齐""向前看"。

动作要领：当班长指定××为准时，基准学员左手握拳高举，听到"向中看——齐"的口令后，将手放下，其他学员按向左（右）看齐的要领实施；听到"向前——看"的口令后，恢复立正姿势。一路纵队看齐时，可下达"向前对正"的口令。

（二）报数

报数是清点人数的一种方法。

口令："报数"。

动作要领：横队由右至左，纵队由前至后，依次以短促洪亮的声音向左转头45 度报数。最后一名不转头。

动作要点：报数时，正直转头，报数声音短促洪亮。

四、行进与停止

（一）行进

班的行进，一般分为横队和纵队进行，行进时按单个动作的要领实施。

口令："齐步——走""正步——走""跑步——走""踏步——走"。

动作要领：班横队行进或踏步时，应以右翼为准，基准学员向正前方行进，其他学员向右翼标齐，并保持规定的间隔。

班纵队行进或踏步时，一路纵队以先头为基准，二路纵队以左翼为基准，基准学员向正前方行进，其余学员在后跟进，并保持规定的间隔和距离。

行进中可用"一二一"，的口令或唱歌曲的方式保持步伐的整齐。

（二）停止

口令："立——定"。

动作要领：按单个动作要领实施，动作要整齐一致，停止后听到"稍息"的口令，先自行对正看齐，再稍息，稍息时应逐个依次转头稍息。

（三）班长指挥位置

横队行进时，指挥位置在班横队左前侧适当位置，必要时可在右前侧，并随队形适当变换指挥方向；变换指挥方向时，可采用半面向左（右）转的方法。

纵队行进时，指挥位置在纵队左侧便于指挥的适当位置，并随队形适当变换指挥方向。平时班纵队行进时，指挥位置在班纵队的左侧（离队列3～5步的距离）稍后，同队列一起行进。

班长变换位置时一律用跑步。

五、队形变换

（一）班横队和班纵队的互换

口令：停止间为"向右（左）——转"；行进间为"向左（右）转——走"。

动作要领：停止间班横队与班纵队的互换，按照停止间向左（右）转的要领实施。行进间班横队与班纵队的互换，按照行进间向左（右）转的要领实施；变换队形后，扩大、缩小间隔距离时，均以基准学员为准，保持队列整齐。

班长的指挥：

1. 停止间班横队变换班纵队时，班长跑步到班的横队右侧，距离排头5～7步，面向队列下达向右转的口令；班纵队变班横队时，班长跑步到纵队左侧中央5～7步处，面向队列下达向左转的口令。

2. 行进间班横队和班纵队互换时，班长应跑步到队列一侧便于指挥的位置，指挥班行进，在行进中下达"向左（右）转——走"的口令，进行队形变换，并随队形变换指挥方向。

动作要点：

1. 停止间在变换队形前调整间隔、距离时，以小碎步快速调整。

2. 停止间变换队形后，要在靠脚的同时，自行看齐。横队时向右转头快速看齐；纵队时先快速对正取好距离，看齐后由前向后自行将头转正，成立正姿势。

（二）班横队和班二横队的互换

口令："成班二列横队——走""成班横队——走"。

动作要领：班横队变班二列横队时，变换前先报数，而后下达"成班二列横队——走"的口令，听到口令，单数学员不动，双数学员左脚后退一步，右脚不靠拢左脚，取捷径右跨一步，左脚靠拢右脚，站到单数学员之后，自行对正看齐。

班二列横队变班横队时，先下达"间隔×步，向左离开"的口令。听到口令，取好间隔，听到"成班横队——走"的口令，双数学员左脚左跨一步，右脚不靠拢，向前一步，左脚靠拢右脚，进到单数学员左侧，自行看齐。

班长的指挥：班长在下达变换队形的口令前，先变换指挥位置，而后实施指挥。

动作要点：

1. 停止间在变换队形前调整间隔、距离时，以小碎步快速调整。

2. 停止间变换队形后，要在靠脚的同时，自行看齐。横队时向右转头快速看齐；纵队时先快速对正取好距离，看齐后由前向后自行将头转正，成立正姿势。

（三）班纵队和班二路纵队的互换

口令："成班二路纵队——走""成班纵队——走"。

动作要领：班纵队变班二路纵队时，变换前先报数，听到"成班二路纵队——走"的口令，双数学员右脚右跨一步，左脚不靠拢右脚，取捷径向前一步，右脚靠拢左脚，进到单数学员右侧，自行对正看齐。

班二路纵队变班纵队时，先调整队形，口令是"距离×步向后离开"，听到"成班纵队——走"的口令，双数学员右脚后退一步，左脚不靠拢右脚，取捷径左跨一步，右脚靠拢左脚，站到单数学员之后，自行对正。

班长的指挥：班长在下达队形变换的口令之前，先变换指挥位置，而后实施指挥。

动作要点：

1. 停止间在变换队形前调整间隔、距离时，以小碎步快速调整。

2. 停止间变换队形后，要在靠脚的同时，自行看齐。横队时向右转头快速看齐；纵队时先快速对正取好距离，看齐后由前向后自行将头转正、成立正姿势。

六、方向变换

（一）班横队的方向变换

1. 停止间班横队的方向变换。

口令："左（右）转弯，齐步——走"。

动作要领：听到口令，轴翼第 1 名学员踏步，逐渐向左（右）旋转，与相邻学员的动作协调；外翼第 1 名学员用大步行进，保持行进方向，不能向轴翼挤靠，其他学员用眼睛的余光向外翼标齐，越接近轴翼者步幅越小，并保持规定的间隔，成关门式转到 90 度后踏步，而后按口令前进或停止。

2. 行进间班横队方向变换。

口令："左（右）转弯——走"。

动作要领：行进中听到口令，全班迅速按停止间的动作要领实施方向变换。

3. 班长的指挥：停止间班横队方向变换时，班长先跑步到预定队形方向的正前方 5~7 步处实施指挥。

行进间班横队方向变换时，班长先跑步到队形的左（右）前方适当位置，下达"齐步——走"的口令，当队列行进到适当位置时下达变换方向的口令，并随队形适时变换指挥方向。

（二）班纵队的方向变换

1. 停止间班纵队方向变换。

口令："左（右）转弯齐步——走""左（右）后转弯齐步——走"。

动作要领：听到口令，基准学员用小步边行进边变换方向，转到 90 度或 180 度后，照直前进，其余学员逐次行进到基准学员的转弯处，转向新方向跟进。

2. 行进间班纵队方向变换。

口令："左（右）转弯——走""左（右）后转弯——走"。

动作要领：行进中听到口令，基准学员按口令变换方向前进，其余学员逐次进到基准学员的转弯处，转向新方向跟进，并保持规定的距离。

3. 班长的指挥：停止间班纵队方向变换时，班长先跑步到预定队形方向的前方适当位置指挥。当队列行进到距班长正前方 5~7 步处，下达踏步或立定的口令。

行进间班纵队方向变换时，班长的指挥位置在行进队形的内侧便于指挥的位置，用口令指挥队列变换方向，并随队形适时变换指挥方向。

动作要点：

1. 横队变换成关门式。横队方向变换在转弯时，队列中学员用眼睛余光标齐排面；不能转头，保持好规定的间隔，重点做到"四齐、三准"，即脚尖线齐、前后摆臂手线齐、胸线齐、头线齐；间隔准、方向变换时的步数和步幅准、方向变换后的角度准。

2. 纵队方向变换时，所有学员须进到基准学员的转弯处，方可转向新方向，不得走捷径，不得转弯过大。

第三节　检阅

一、检阅的时机

检阅通常在重大节日、开学典礼、毕业典礼和其他必要的时机进行，以检阅学员的训练成果。检阅分为检阅式和分列式。

二、着装规定

受阅人一律着较新的制式警服，衣帽颜色要一致无破绽，衣兜内不得装带其他物品。受阅人员均系腰带，腰带由右向左扎，腰带环对正衣扣线，位于第四、五衣扣之间，松紧以插进两指为宜。掌旗员、护旗员、领队穿黑皮鞋，其余学员穿统一胶鞋（或黑皮鞋）；所有人员一律戴白手套。受阅人员要理发、修面，男学员不准留胡须，女学员头发不得过肩。

枪支携带方法：阅兵时，冲锋枪挂枪，手枪挂背结合，枪套穿在腰带上位于右腹前，弹夹盒位于左腹前，均距衣扣线 10 厘米。分列式时，冲锋枪、手枪携带方法不变。

三、国（校）旗的掌持与迎送

（一）国（校）旗的掌持

国（校）旗应指派一名掌旗员掌持，两名护旗员护旗，护旗员携带手枪或冲锋枪成挂枪姿势，位于掌旗员两侧。

1. 停止间持旗：立正时，右臂自然下垂，右手持旗杆，使旗杆垂直位于右脚外侧，稍息时，持旗姿势不变（如图 3-19）。

2. 行进间扛旗：听到行进的预令后，左手握旗杆套下约 10 厘米处、两手协力将旗上提，扛于右肩，旗杆套稍高于肩，右臂伸直，右手掌心向下握旗杆，左手放下。听到动令，开始行进（如图 3-20）。

3. 行进间端旗：右手握旗杆套下约 10 厘米处，右臂向前伸直，右手约与肩同高，左手握旗杆下部，左小臂斜贴于腹部（如图 3-21）。

图 3-19　　　　　　　　图 3-20　　　　　　　　图 3-21

4. 扛旗与端旗互换。

扛旗换端旗：听到"向右——看"的口令后，在左脚着地时，左手在右手腕处握旗杆；在右脚落地时，右手移握距旗杆套约 10 厘米处，再出左脚的同时，右臂向前伸直，左手向后压，两手协力转换成端旗的姿势，继续前进。

端旗换扛旗：听到"向前——看"的口令后，在左脚着地时，收右臂，左手前推，将旗扛于右肩；在右脚落地时，右手移握旗杆下部，右臂伸直；再出左脚的同时，左手放下，换齐步行进。

掌旗员、护旗员行进中变换方向时，以掌旗员为轴；迎送国（校）旗时，其行进、转弯、步法变换和停止的口令均由掌旗员下达。

（二）迎送国（校）旗

1. 迎国（校）旗：当国（校）旗（掌旗员扛旗）由左前侧进入检阅场时，总指挥下达"立正""向国（校）旗敬礼"的口令。位于指挥位置的领队行举手礼，其余学员行注目礼；掌旗员、护旗员由齐步换正步行进，取捷径进到受检阅方队右侧入列。国（校）旗就位后，总指挥下达"礼毕"的口令，所有人员礼毕。

2. 送国（校）旗：总指挥下达"立正""送国（校）旗"的口令。听到口令，掌旗员（成扛旗姿势）、护旗员正步经队列中央前离开。国（校）旗出列后，总指挥下达"向国（校）旗——敬礼"的口令，听到口令，所有人员按迎旗动作向国（校）旗敬礼。当国（校）旗离开受阅队列 40~50 步时，总指挥下达"礼毕"的口令，所有人员礼毕，掌旗员、护旗员换齐步。

四、检阅敬礼

当检阅领导接近本方队右侧前时，方队指挥员下达"敬礼"的口令，听到口令，位于指挥位置的领队行举手礼，其余人员行注目礼，目迎、目送领导（左、右转头不超过45度），当领导通过后，指挥员下达"礼毕"的口令，队列人员礼毕。

回答领导问话时，要整齐一致，声音洪亮，有明显的节奏感。如领导问："同志们辛苦了"，应回答："为人民服务"。

（一）标兵

检阅台前设4名标兵，第一名、第二名标兵之间和第三名、第四名标兵之间的间隔为20米，第二名、第三名标兵之间的间隔为40米，位于检阅台前两侧。标兵携带步枪（或冲锋枪、手枪），并在枪口上插三角小红旗。标兵就位时，按指挥员的口令从检阅台前左侧相对依次跑步进入规定的位置，面向阅兵场，成持枪（冲锋枪、手枪成挂背姿势）立正姿势。分列式结束后，根据指挥员的口令按就位的相反顺序撤出。

（二）分列式敬礼

方队行进到第一名标兵前时应将队列调整好；行进到第二名标兵处时下达"向右——看"的口令，行进到第三名标兵处下达"向前看"的口令。

徒手行进间注目礼：

动作要领：听到"向右——看"的口令（动令落在左脚），右脚向前一步，左脚着地喊"一"；右脚再向前一步，左脚着地喊"二"；右脚再向前一步，左脚踢出（换正步）；在左脚着地的同时，向右转头45度，纵队位于右翼的不转头，注视检阅领导。听到"向前看"的口令（动令落于左脚），右脚向前一步，左脚着地时喊"一"；右脚再向前一步，左脚着地时喊"二"；右脚再向前一步，左脚着地的同时，转头换齐步继续前进。

冲锋枪挂枪敬礼（左手握护木，右手握枪颈）和手枪背枪敬礼，动作同徒手行进间注目礼。

附录1 队列教练成绩评定标准

题目	动作内容		标准	分数 100		
单个徒手动作	着装		1. 着装整齐一致，腰带扎得符合要求。	2	4	
			2. 帽正，帽徽、领章缀定得符合要求。	2		
	立正、稍息	腿部	1. 两腿挺直，脚跟并齐，脚尖向外分开约60度。	2	4	10
			2. 稍息出脚快，左脚伸出约一脚的2/3，两腿自然伸直。	2		
		上体	1. 小腹微收，自然挺胸，上体正直，微向前倾。	2	6	
			2. 两肩要平，稍向后张，两臂自然下垂，中指贴于裤缝。	2		
			3. 头正，颈直，口闭，下颌微收，两眼平视前方。	2		
	停止间转法	腿部	1. 以脚跟和脚掌的力量，同时用力转向新方向，两腿挺直，转的度数正确。	3	5	10
			2. 靠脚准确有力，脚跟并齐，不外扫、踔脚。	2		
		上体	1. 转时两臂不外张，不耸肩，中指贴于裤缝。	3	5	
			2. 上体正直，微向前倾，头正，两眼平视前方。	2		
	齐步与立定	腿部	1. 脚跟先着地，并无八字脚步，步幅、步速符合要求。	4	7	15
			2. 立定靠脚自然有力。	3		
		上体	1. 手指轻轻握拢，拇指贴于食指第二节，两臂自然摆动，准确有力。	4	8	
			2. 上体正直，微向前倾，自然挺胸，两眼平视前方。	4		
	正步与立定	腿部	1. 脚掌与地面平行，离地面约25厘米，适当用力着地。	3	10	18
			2. 踢腿时不掏腿，不直挪腿。	3		
			3. 步幅、步速准确，无八字脚步，立定动作准确。	4		
		上体	1. 两臂摆动准确，摆臂到胸前有停顿感，不夹臂肘。	4	8	
			2. 上体正直，微向前倾，头正，两眼平视前方。	4		
	跑步与立定	腿部	1. 听到动令，两腿微弯，左脚迅速跃出。	2	8	15
			2. 行进中两脚前掌先着地，步幅、步速准确。	3		
			3. 立定动作准确，不垫步、跨步，靠脚有力。	3		
		上体	1. 听动预令，握拳提于腰际快，动作准确。	2	7	
			2. 两臂摆动准确，前不露肘，后不露手。	3		
			3. 上体正直，微向前倾，两眼平视前方。	2		

题目	动作内容		标准	分数 100		
单个徒手动作	踏步与立定	腿部	1. 两脚原地起落，脚尖下垂，离地约15厘米。	2	4	8
			2. 原地立定，不跨步，自然靠脚。	2		
		上体	1. 两臂摆动自然，符合要领。	2	4	
			2. 上体正直，微向前倾，头正，两眼目视前方。	2		
	行进间转法	腿部	1. 左（右）脚向前半步，脚尖稍向右（左），约45度。	2	6	10
			2. 转时身体向左（右）转，两脚不在地下转动。	2		
			3. 向后转走，转时以两脚掌为轴，两腿挺直。	2		
		上体	1. 两臂摆动准确，不外张。	2	4	
			2. 上体正直，不低头，两眼目视前方。	2		
	步法变换		1. 齐步与正步互换。动作明显，臂腿结合一致。	2	6	
			2. 齐步与跑步互换。听到预令，握拳提臂快，并摆动；听到动令，迅速跃出，动作协调。	2		
			3. 上体正直，两眼目视前方。	2		
	敬礼		1. 成立正姿势，姿态端正。	2	4	
			2. 右手取捷径迅速抬起，大臂与两肩略平，中指微接触帽檐右角，手心向下稍向外张，手腕挺直。	2		
	说明		单个徒手动作成绩计算方法：总分为100分。 优秀：90分以上；良好：80~89分；中等：70~79分；及格：60~69分；59分及以下为不及格。 单位成绩计算方法： 优等：及格率100%，优秀率占40%以上。 良好：及格率95%，优秀率占30%以上。 及格：及格率90%，优秀率占20%以上。			

附录 2　队列指挥验收标准

题目	标准	分数	
		100	
指挥位置	1. 一般在横队和并列纵队队列中央前。下达口令和做示范动作时，指挥位置与队列距离适当（以能目视全队和能听清口令、看清动作为准）。	10	30
	2. 纵队时在队列的左侧和先头。	5	
	3. 在行进间的队形、方向变换和行进与立定训练时，指挥员应在便于指挥的位置，变换指挥位置应用跑步。	10	
	4. 在进行持枪动作的讲解示范时，不允许枪口对人。	5	
指挥口令	1. 发音部位正确，下达口令用胸音和腹音。短促口令用胸音。	5	35
	2. 连续口令用腹音。借助腹部发力发音，让声音更洪亮。下达的口令有节拍；预令和动令有微歇有明显的节奏；使队列人员听得清晰。	8	
	3. 音量控制得好。起音要低，由低向高拔音。	7	
	4. 主音突出，下口令时，把重点字的音量加大，如"向后转"，要突出"后"字；"向前×步——走"，要突出数字。	7	
	5. 口令的下达要准确；动令一般落于右脚，向左转走时落于左脚。	8	
指挥动作	1. 指挥员本身姿态要端正、严肃、自然，着装要整齐。	7	25
	2. 动作标准、熟练，指挥内容无遗漏。	8	
	3. 能在所规定的时间、指定的地点指挥完规定的内容。	5	
	4. 严格要求，严格训练，以身作则，维护操场纪律。	5	
其他	1. 清点人数（应到、实到、缺课人数）。	2	10
	2. 检查着装，认真组织验枪，亲自组织，逐个检查。	1	
	3. 向上级首长报告，报告的位置适当，动作准确，程序清晰。	2	
	4. 课目、目的下达顺序清楚，语言精练。	3	
	5. 熟悉有关理论、要求： （1）队列训练的目的意义； （2）队列训练和队列生活的基本要求； （3）在队列指挥时对指挥员的要求。	2	
说明	成绩评定：总分得 90 分以上者为优秀；80～89 分者为良好；60～79 分者为及格；59 分及以下者为不及格。		

第四章
Chapter 4

警察基础体能训练

第一节　力量素质训练

一、力量素质训练概述

（一）力量的定义

力量是指人体神经肌肉系统活动时克服或对抗阻力的能力。力量训练是指通过施加一定的负荷，改善人体神经肌肉系统克服阻力的能力的训练形式。力量训练是体能训练的重要组成部分，力量训练的质量影响着人体力量水平，进而影响体能的整体水平。

（二）力量的分类

1. 根据力量与运动专项的关系，可分为一般力量与专项力量。

一般力量是指身体各部位肌肉在完成一般收缩和伸展，而非特定做专项动作时对抗和克服阻力的能力，如卧推和深蹲时表现出来的力量。针对警察一般力量训练时，教官必须考虑其工作需求因素和其自身特点来制定相应的训练计划。

专项力量是指在时间空间特征上，严格符合专项竞技动作要求的肌肉收缩能力。也就是说，在动作结构、力量性质、肌肉收缩方式等方面都严格符合专项动作特点的肌肉收缩能力。如标枪运动员持枪臂的鞭打用力和杠铃卧推用力存在着较大差异，鞭打力属于专项力量，卧推的最大力量则是一般力量。

一般力量和专项力量相互影响，相互制约。专项力量的提高应当以一般力量为基础。一般力量水平低，将会限制专项力量的提高。但是，一般力量不能代替专项力量，如果忽视专项力量，机体的适应可能会朝着不利的方向发展，以致无法获得理想的运动成绩。另外，一般力量和专项力量是相对的。一般力量随着运动项目的变化，可能成为专项力量，同样，专项力量也可能转变成一般力量。例如，深蹲时的力量相对于篮球运动是一般力量，而相对于举重运动则属于专项力量。

2. 根据力量和体重的关系，可分为绝对力量和相对力量。

绝对力量是指在不考虑体重的条件下，所表现出来的最大力量。在此意义上，绝对力量和最大力量的含义相同，可以通过对抗外界负荷的力值来表示。在面临高强度的对峙对抗中，警察的绝对力量是非常重要的。例如，散打运动员、足球的前锋、英式橄榄球运动员、铅球运动员等都具有较大的绝对力量。

相对力量是指人的机体单位体重所具有的最大力量。相对力量＝最大力量/体重。相对力量值的单位是牛顿/千克（米/秒^2），因此，严格来讲相对力量不是力量而是加速度。相对力量是单位体重力量的大小，在一定程度上反映肌肉质量的好坏。在克服自身体重的位移性运动项目中和分级别的运动项目中，相对力量具有十分重要的意义，直接影响参赛队员在场上移动时加速和减速的能力。相对力量越强，运动场上移动越轻松。优秀的跳跃运动员和体操运动员都具有较强的相对力量。另外，对相对力量要求较高的项目（跳高、排球等），提高最大力量的同时，要尽量控制肌肉横截面过度增大。

3. 根据力量在运动中的功能，可分为稳定性力量和爆发性力量。

稳定性力量是指在运动中保持肢体关节稳定的肌肉力量。运动中的关节稳定性需要精密地控制和肌肉的协同工作。人体某些肌肉有特殊的稳定功能，称作深层稳定肌，它们位于关节附近，在神经系统的精密控制下主要负责关节局部的稳定性。稳定肌群锻炼得越充分，身体的力量发挥就越好，动作更快，最重要的是可以减少肌肉的张力性微细损伤。在全身运动中，稳定肌群起到产生力量、传递力量和控制力量的作用，因此在训练中应受到教官的重视。

爆发性力量是指在一个爆发性或一组强有力动作的突然移动过程中发力的能力，主要是指肌肉快速收缩产生力量。表层运动肌实施运动，它们一般远离关节，肌肉粗大，产生的力矩也较大，主要负责运动关节和应对外源性应力。运动员的最大力量、快速力量、爆发力等都属于爆发性力量，在快速克服阻力运动中起着决定性作用。因而，爆发性力量训练一直是力量训练的重点。

稳定性力量是爆发性力量的基础，然而教官仅提高教员的稳定性力量是不够的，因为快而有力的收缩是爆发性力量的主要功能。同理，教官仅发展爆发性力量也是不合理的，因为稳定性力量在动作过程中能够充分募集相关肌群，协调收缩，提高用力效率。

4. 根据完成不同体育活动所需力量的特点，可分为最大力量、快速力量和力量耐力。

最大力量是指肌肉通过最大程度随意收缩克服阻力时所表现出来的最高力值。随意收缩是指不刻意要求动作速度。例如，卧推、深蹲杠铃的最大力量。肌肉最大力量在不同项目中的作用是不同的，主要取决于肌肉所对抗阻力的大小。对抗阻力越大，最大力量的作用就越明显，如举重。

快速力量是指神经肌肉系统在一定时间段内产生最大力量的能力，它是力量与速度有机结合的一种能力，是一种对外输出功率的能力表现。快速力量对跳跃、摔跤、拳击等项目的运动成绩有着决定性作用。根据快速用力的特征，可以将快速力量分为启动力量和爆发力。起动力量是指在静止状态（预备或起始姿态）下快速发力的能力。起动力量在运动中非常重要，可以最佳化地完成动作。发展起动力量将有助于提高机体的起动速度和加速能力，如拳击、击剑、空手道等运动项目。爆发力是指张力已经开始增加的肌肉以最快的速度克服阻力的能力。换句话说，爆发力是指完成一定动作时功率输出的能力。

力量耐力是指在静力性工作中长时间保持相应强度的肌紧张，或在动力性工作中多次完成相应强度肌收缩的能力。前者称为静力性力量耐力，后者称为动力性力量耐力。动力性力量耐力又包括最大力量耐力（重复表现最大力量的能力）、快速力量耐力（重复快速表现最大力量的能力）以及长时间力量耐力（重复表现一定力量的能力）。不同运动中，机体对抗的阻力存在着差异，因此，肌肉力量耐力具有专项性。例如，短跑运动中肌肉要维持并保持较高收缩能力，其反映了机体的高强度力量耐力。而长跑运动中，肌肉要维持较低强度、较长时间工作的能力，其反映了机体低强度下的力量耐力。

（三）力量训练的基本手段

1. 抗阻练习。抗阻练习主要是肌肉对抗外界负荷，通过一定的强度和重复练习次数刺激机体发展力量，可作用于机体任何一个部位的肌肉群。抗阻练习的方式多种多样，负荷的重量及练习的重复次数可随时调整，因此抗阻练习是身体素质练习中常用的一种手段。抗阻练习包括杠铃、壶铃、哑铃和力量训练组合器械等。此外，利用特制的力量练习器使练习者在特定的姿势（坐、卧、站）进行练习，可产生独特的训练效果。如利用轮胎进行抬起或掀翻动作，推举装入液体的密封容器，卧推带有铁链的杠铃等。

2. 对抗性练习。对抗性练习要求双方力量相当，依靠对方不同肌肉群的互相对抗，以短暂的静力性力量等长收缩来发展力量。如双人顶，双人推、拉等。对抗性练习几乎不需要任何器械及设备，也容易引起练习者的兴趣。

3. 克服弹性物体阻力的练习。该手段主要是依靠弹性物体变形产生弹力，肌肉克服弹力而发展力量。如运用弹簧拉力器、橡皮带、弹力带和阻力带等。

4. 利用外部环境阻力的练习。不同环境下运动，将对肌肉用力产生影响。沙地、深雪地、草地、水中与田径场相比具有自身的特征。如在沙滩上进行跑、跳对机体的伸肌肌群可产生较大作用。

5. 克服自身体重的练习。这种练习主要是由人体四肢的远端支撑完成的练习，迫使机体的局部部位来承受体重，促使该局部部位的力量得到发展。如引体向上、倒立推进、俯卧撑及纵跳等。

6. 振动训练器。振动训练器是一项新兴的运动训练器材，它能够给予运动员垂直的动力，提供不稳定的环境以及利用肌梭的反射刺激，从而增进血液循环，并达到增加肌肉力量及平衡稳定能力的效果。振动训练器有多种不同功能的类型。

（四）力量训练的安排原则

1. 力量训练技术的规范性。力量训练中包含着大量的技术，如杠铃、哑铃以及其他力量训练器械练习所包含的握法、最佳的身体姿势、关节活动范围、运动速度、呼吸方法、举重带佩戴以及保护技术等。力量训练技术的规范程度制约着训练质量，决定训练者是否会受伤，应当重视。

除此之外，力量训练技术还包括杠铃练习技术、哑铃练习技术、组合器械技术以及超等长练习技术等。每一练习技术都有自身的特殊要求。例如，背蹲杠铃技术要求膝关节不要过度前屈，这有利于保护膝关节和韧带。规范的技术还可以使机体承受更大的负荷强度，更好地刺激股四头肌和臀大肌。

2. 力量训练内容的顺序性。

（1）身体部位的顺序性。力量训练既可从上半身开始也可从下半身开始，这取决于个人的需要。腰腹部练习应该安排在最后进行，如果腹部练习安排在前面进行，将会导致腰腹过早疲劳，削弱腰腹的支撑稳定功能，并容易导致腰部损伤。此外，将"推"和"拉"的练习交替进行，这样既可以为练习部位提供必要的休息时间，又可以保持运动强度。

（2）大小肌肉群的顺序性。首先要进行大肌肉群的练习，然后再进行小肌肉群的练习。大肌肉群练习动用一组或多组大块肌肉（如胸、肩、背、髋、大腿），涉及两个或更多的关节，在专项运动中起着重要作用，因而优先发展。例如，高翻、抓举、背蹲杠铃等练习，应首先安排。小肌肉群练习通常动用较少的肌肉，涉及的关节单一，如屈肘练习、肱三头肌下压等练习，对提高专项水平的重要性较低，因此安排在后面进行。如果小肌肉群训练安排在大肌肉群训练的前面，疲劳的小肌肉群将对大肌肉群的肌纤维募集产生消极影响。此外，在小肌肉群疲劳的情况下，参与大肌肉群的运动容易导致损伤。

（3）主动肌与被动肌的次序。人体的直立行走和运动，使人体趋于屈的动作。加强屈肌肌群的动作有利于保持身体姿态。因此，在力量训练顺序上应该先练习屈的肌群再练习伸的肌群，例如，先胸部、后背部；先股四头肌后腘绳股；先肱二头肌后肱三头肌，这样的练习顺序对身体动作和姿势不会产生负面影响。

（五）抗阻力量训练设计

1. 具体抗阻练习。抗阻力量训练的练习非常多，具体练习参见下表 4-1。

表 4-1　抗阻练习分类表

身体部位	具体练习			
腹部	屈、直膝仰卧起坐	脚高位仰卧起坐	两头起	
背部	俯身提拉 g、y	提铃上拉 g、y	坐姿下拉 q	坐姿后拉 q
手臂屈	屈肘 g、y	旋转屈肘 y	屈腕 g、y	
手臂伸	仰卧伸肘 g、y	肱三头肌下压 q	伸腕 g、y	
肩部	肩上推举 g、y、q	直臂屈伸 y	屈肘上提 g、y	
胸部	卧推 g、y（平、斜凳）	侧举 y（平、斜凳）	推胸 q	

身体部位	具体练习				
大腿	背蹲 g	前蹲 g	坐姿蹬腿 q	弓箭步 g	蹬台阶 g
	罗马尼亚硬拉 g、q	硬拉 g、q	伸膝 q	屈膝 q	
小腿	负重提踵 g、q	坐位提踵 q			
整体	高翻 g、y	提铃高翻 g、y	挺举 g、y	抓举 g、y	

注：g 代表杠铃；y 代表哑铃；q 代表组合器械

2. 负荷强度与间歇时间的确定。负荷强度指一组练习使用的重量，是抗阻训练中最重要的参数。训练强度的变化对机体刺激的效果也将随之变化，因此，必须慎重对待。

（1）负荷强度和重复次数之间的关系。负荷强度与重复次数成负相关，负荷强度越大，重复次数越少。当训练目标确立后，负荷强度和重复次数也就基本确定。负荷强度的表达方式通常是一次重复的最大力量的百分比，或者是能重复指定次数的最大重量（nRM）。RM（Repetition Maximum）的含义是最大重复次数，是指在某一重量下，尽全力达到的最大重复次数。例如，一个运动员能以60 公斤的负荷强度背蹲 10 次，那么他在此重量下的最大重复次数就是 10RM。RM 与最大负重的关系见下表 4-2。

表 4-2　1RM 推算表（Tudor bumpa，2017）

最大负重（kg）	完成次数（次）
100%	1
95%	2～3
90%	3～4
85%	5～6
80%	8～10
75%	12
70%	12～15
66%～70%	18～20

（2）根据训练目标安排练习的负荷、重复次数和组数。负荷强度高能够有效地提高力量和爆发力，中等负荷强度有助于肌肉体积的增大，小负荷有利于肌肉耐力的提高。换句话说，重复次数少的 nRM 能有效提高力量和爆发力，而重复次数多的 nRM 可较好地提高耐力。需要注意的是，教练可以通过观察受训人员完成指定负荷和重复次数的难易情况来调整负荷。

负荷量是指一次训练课举起的总负荷；组是指在受训人员间歇之前所进行的一组连续重复动作。计算训练量的方法是组数×重复次数×每次重复练习的负荷。负荷量的安排应该根据受训人员的训练状态及抗阻训练的基本目标而确定。受训人员的训练状态直接影响所能够承担的负荷量。

间歇时间是指组间练习与练习之间的间歇时间。间歇时间与训练目标高度相关，与训练的练习负荷强度、受训人员的训练状态相关。负荷强度越大，间歇时间就越长。如果受训人员的状态不佳，间歇时间可适当延长。需要注意的是，教练应根据实际练习的负荷强度来确定间歇时间，不是简单套用下表的数字。

表4-3　不同训练目标对负荷强度和重复次数的要求

训练目标		负荷强度（%1RM）	目标重复次数（次）	组数（组）
最大力量		≥85	≤6	2~6
爆发力	一次用力的项目	80~90	1~2	3~5
	多次用力的项目	75~85	3~5	3~5
肌肉体积		67~85	6~12	3~6
肌内耐力增大		≤67	≥12	2~3

二、抗阻力量练习

（一）腹部

1. 屈膝仰卧起坐。

起始姿势：仰卧在垫上，屈膝，脚后跟靠近臀部，双臂相叠于胸前。

向上运动时相：屈颈、下巴靠近胸部，保持双脚、臀部及腰部平稳地贴在地板上，向大腿方向弯屈躯干直到上背离开垫子。

向下运动时相：打开弯屈的躯干，然后颈部伸展，回到起始姿势，保持脚、臀、臂姿势不变。

锻炼的肌肉：腹直肌。

固定形式：下固定。

a　　　　　　　　　　　　　　　　b

图 4-1　屈膝仰卧起坐（a、b）

2. 高脚腹部屈收。

起始姿势：仰卧在垫上，双脚放在凳子上，使髋、膝屈曲 90°，双臂相叠于胸前。

向上运动时相：屈颈、下巴靠近胸部，保持臀部及腰部平稳地贴在地板上，向大腿方向弯屈躯干直到上背离开垫子。

向下运动时相：打开弯屈的躯干，然后颈部伸展，回到起始姿势，保持脚、臀、臂姿势不变。

锻炼的肌肉：腹直肌。

固定形式：下固定。

a　　　　　　　　　　　　　　　　b

图 4-2 高脚腹部屈收（a、b）

（二）背部

1. 俯身提拉。

起始姿势：双脚开立与肩同宽或略比肩宽，屈髋，屈膝，上身前屈略高于地面平行，背部挺直，双眼目视前方，双手正握杠铃，握距略比肩宽，手臂伸展悬吊杠铃于小腿前面位置。

向上运动时相：将杠铃向躯干方向上提，保持躯干刚性，后背挺直，膝盖微屈，躯干保持不动，上提至上腹部，肩胛骨加紧，上提过程中手臂靠近身体。

向下运动时相：慢慢伸展肘关节，降低杠铃回到起始姿势，保持躯干刚性，膝盖微屈。重复练习，结束后屈膝、屈髋将杠铃放至地面。

锻炼的肌肉：背阔肌、大圆肌、斜方肌中部、菱形肌、三角肌后部。

固定形式：近固定。

a　　　　　　　　　　　　　　　b

图 4-3　俯身提拉（a、b）

2. 坐位下拉。

起始姿势：双手正握力量练习器手柄，握距较肩略宽，面对器械坐下，两脚平放于地板上，两大腿放在垫子下，躯干微后仰，肘关节充分伸展，每次下拉的开始姿势都是如此。

向下运动时相：朝着胸部上方，向下拉动手柄，不得利用身体来增加拉力，手柄要触到胸部。

向上运动的时相：肘关节缓慢伸直，回到起始姿势，躯干姿势保持不变，完成一组练习后站起来，将手柄放回原来位置。

锻炼的肌肉：背阔肌、大圆肌、斜方肌、菱形肌。

固定形式：近固定。

a   b

图 4-4　坐位下拉（a、b）

3. 坐位划船。

起始姿势：坐在长凳上，将双脚放置在器械支架或脚踏上，双手正握住手柄，保持躯干直立，膝关节微屈，双脚双腿相互平行，肘关节充分伸直，手臂平行于地面。

向上运动时相：朝腹部拉动手柄，保持躯干的垂直，膝关节微屈，不要利用上体或躯干后倾借力，继续后拉直至手柄触及腹部。

向下运动时相：缓慢伸直肘关节，回到起始姿势，保持躯干直立姿势，膝关节微屈，完成一组练习后，屈膝、屈髋，负重片返回静止位置。

锻炼的肌肉：背阔肌、大圆肌、斜方肌中部、菱形肌、三角肌后部。

固定形式：近固定。

a   b

图 4-5　坐位划船（a、b）

（三）小腿

1. 杠铃提踵。

起始姿势：双脚开立与肩同宽或略比肩宽，站在台阶边缘，前脚掌着地，将杠铃放至斜方肌与三角肌后束，挺胸抬头，双手正握杠铃，略比肩宽，肩胛骨加紧。

向上运动时相：保持躯干直立，脚腿平行分开，前脚掌用力点地，尽可能向上抬高身体，保持膝关节的伸展，但不要锁住。

向下运动时相：缓慢回到起始姿势，身体姿势保持不变。

锻炼的肌肉：比目鱼肌、腓肠肌。

固定形式：远固定。

a   b

图 4-6　杠铃提踵（a、b）

（四）胸部

1. 卧推。

起始姿势（受训人员）：仰卧在卧推凳上，身体与板凳及地面"五点"接触（肩，臀，脚），眼睛正好在支架的下方，双手正握抓住杠铃，握距略宽于肩，将杠铃由架上取下时，向监护者发出信号，肘关节伸直，保持杠铃位于胸部上方，每次重复都由此位置开始。

起始姿势（监护者）：靠近凳子头端站立（不要太近以免干扰受训人员），两脚开立，略宽于肩，双膝微屈，握杠的两手以闭锁式变换握法抓杠，听到受训人员的信号后，帮助其将杠铃由架上取下，护着杠铃直到受训人员将杠铃置于胸部上方，平稳地松开杠铃。

向下运动时相（受训人员）：向下移动杠铃，触到胸部为止，手腕要紧张、稳定，正对着肘关节，保持身体与器械及地面的"五点"接触。

向下运动时相（监护者）：在杠铃下移过程中，保持变换握法的姿态，靠近杠铃．但不要触到杠铃，在跟随杠铃移动的过程中，微微屈膝，屈髋，保持腰背的挺直。

向上运动时相（受训人员）：向上推杠，直至肘关节完全伸直，手腕紧张、稳定，正对着肘关节，保持"五点"接触，不要拱腰或挺胸迎杠，一组练习完成后，示意监护者帮助其将杠铃放回架上，直到杠铃放稳才能松手。

向上运动时相（监护者）：在杠铃向上移动过程中，保持变换握法的姿势靠近杠铃，但不触及杠铃，在跟随杠铃向上移动的过程中，轻轻伸膝、髋及躯干，并保持腰的挺直，一组练习完成后，接到受训人员示意后，在受训人员两手之间以变换握法抓紧杠杆，护送杠铃到架子上，直到杠铃稳定后才可松手。

锻炼的肌肉：胸大肌。

固定形式：近固定。

a　　　　　　　　　　　　　　　　b

图 4-7　卧推（a、b）

2. 平凳哑铃侧举。

起始姿势（受训人员）：闭锁式抓握杠铃，仰卧，身体"五点"接触，示意监护者帮助其将哑铃移至起始位，两手同时向上推，肘关节伸直，哑铃位于胸部上方，转动哑铃成中间型抓握法，微微屈肘，肘关节指向外侧，每次重复练习都由此开始。

起始姿势（监护者）：一腿跪地，另一脚稍前，抓扶受训人员的腕部，收到受训人员的信息后，帮助其将哑铃置于胸部上方，平缓地松手。

向下运动时相（受训人员）：哑铃沿大弧形向下运动，直到肩或胸的水平高度，在肘关节向下运动的时候，两哑铃柄要相互平行，手腕保持紧张，肘关节略屈，保持哑铃与肘、肩在一线（俯视），保持身体的"五点"接触。

向下运动时相（监护者）：哑铃下降过程中，保持双手靠近受训人员的两只前臂，但不触及。

向上运动时相（受训人员）：沿弧线向上拉哑铃至起始姿势，保持手腕紧张，肘关节微屈，保持哑铃与肘、肩在一直线上（俯视），保持身体的"五点"接触。

向上运动时相（监护者）：在哑铃上升的过程中，双手保持与受训人员两前臂的接近，但不触及。

锻炼的肌肉：胸大肌。

固定形式：近固定。

a   b

图 4-8　平凳哑铃侧举（a、b）

（五）前臂

1. 屈腕。

起始姿势：坐在练习凳一端，双脚着地，躯体前倾，肘和前臂放在大腿上，手腕略超过膝盖，双手手腕伸直，相距 20 厘米~30 厘米，手指反握住杠铃。

向上运动时相：手指、手腕用力，将杠铃向上牵拉，保持肘和前臂不动，手腕尽量屈。手指、手腕缓慢伸开，回到起始姿势，躯干、两臂保持原位不动，不要通过杠铃的摆动来辅助用力，也不要利用身体其他部位用力。

向下运动时相：手腕和手指缓慢地延伸到起始姿势，保持躯干与手臂位置固定。

锻炼的肌肉：桡侧腕屈肌、尺侧腕屈肌。

固定形式：近固定。

a   b

图 4-9　屈腕（a、b）

2. 伸腕。

起始姿势：坐在练习凳一端，双脚着地，躯体前倾，肘和前臂放在大腿上，手腕略超过膝盖，双手手腕伸直，相距 20 厘米~30 厘米，手指正握住杠铃，手腕朝地弯曲。

向上运动时相：手指、手腕伸展，将杠铃向上提，保持肘和前臂不动，手腕尽量伸直。不能借助身体用力或摆动杠铃上提。

向下运动时相：手腕和手指缓慢屈曲回到起始姿势，保持躯干和手臂位置的固定。

锻炼的肌肉：桡侧伸腕肌、尺侧腕伸肌。

固定形式：近固定。

a   b

图 4-10　伸腕（a、b）

（六）髋和大腿

1. 前蹲。

起始姿势（受训人员）：身体移至杠铃杆下方，两脚平行站立，握距较肩略宽，人体上移，将杠铃杆置于前部三角肌和锁骨上面，充分屈肘，使上臂与地板成平行。

起始姿势（2 名监护者）：两脚开立与肩同宽，膝微屈，在杠铃端站好，两手掌心向上，重叠，形成杯状，抓住杠端，收到受训人员示意后，协助受训人员平衡杠铃并将杠铃由架上取下，平稳地松开杠铃，将手置于杠铃杆端下方 5 厘米~8 厘米处，受训人员后退时，侧移并跟随，受训人员就位后，两脚开立与髋同宽，膝微屈站好，躯干直立。

向下运动时相（受训人员）：保持躯干与地面角度的相对固定，缓慢屈髋，屈膝，背要挺直，肘要高，挺胸，保持脚跟着地，膝关节在脚的正上方，不要前屈躯干或驼背，继续屈髋、屈膝，直到大腿与地面平行，在下降过程的最后阶段不要加速，也不要放松躯干。

向下运动时相（2 名监护者）：在下降过程中手成杯状保持与杠铃杆接近，但不触及杠铃杆，在跟随杠铃杆下降的过程中，缓慢屈膝、髋和躯干，保持背的挺直。

向上运动时相（受训人员）：同步伸髋、伸膝，保持躯干与地面角度的相对固定，保持高肘、平背、挺胸的姿势，保持脚跟着地，膝关节在脚的正上方，不要前屈躯干或驼背，继续伸髋、伸膝，直到起始姿势，一组练习完成后，向前移动到达支架，将杠铃在架上放好后下蹲退出。

向上运动时相（2 名监护者）：在杠铃上升的过程中，保持两手成杯状，接近杠铃杆，但不触及杠铃杆，在跟随杠铃向上移动的过程中，缓慢伸膝、髋和躯干，保持背部挺直，一组练习完成后，两监护者同步侧移，跟随受训人员走向支架，两人同时抓握杠铃杆，辅助受训人员保持杠铃平衡，并将杠铃放回支架，平稳地松手。

锻炼的肌肉：臀大肌、半膜肌、半腱肌、股二头肌、股外侧肌、股内侧肌、股中肌、股直肌。

固定形式：远固定。

a   b

图 4-11　前蹲（a、b）

2. 背蹲。

起始姿势（受训人员）：受训人员将杠铃放至斜方肌和三角肌后束承担杠铃重量，双脚开立与肩同宽或略比肩宽，双手闭锁式握住杠铃，握距稍宽于肩。

起始姿势（2 名监护者）：垂直站在杠铃两端，两脚开立与肩同宽，膝微屈，两手掌心向上，重叠，形成杯状，抓住杠端，收到受训人员示意后，协助受训人员平衡杠铃并将杠铃由架上取下，平稳地松开杠铃，将手置于杠铃杆下方 5 厘米~8 厘米处，受训人员后退时，侧移并跟随，受训人员就位后，两脚开立与髋同宽，膝微屈站好，躯干直立。

向下运动时相（受训人员）：保持背挺直，肘关节要抬高，挺胸并充分打开，保持躯干与地面角度的相对固定，缓慢屈髋，屈膝，保持脚跟着地，膝关节在脚的正上方，不要超过膝关节，不要前屈躯干或驼背，继续屈髋，屈膝，直到大腿与地面平行，在下降过程的最后阶段不要加速，也不要放松躯干。

向下运动时相（2 名监护者）：在下降过程中，监护者手成杯状保持与杠铃杆的接近，但不触及杠铃杆，在跟随杠铃杆下降的过程中，缓慢屈膝、髋和躯干，保持背的挺直。

向上运动时相（受训人员）：保持背部挺直，同步伸髋、伸膝，保持躯干与地面角度的相对固定，保持高肘、挺胸的姿势，保持脚跟着地，膝关节在脚的正上方，不要前屈躯干或驼背，继续伸髋、伸膝，直到起始姿势，一组练习完成后，向前移动到达支架，将杠铃在架上放好后下蹲退出。

向上运动时相（2 名监护者）：在杠铃上升的过程中，监护者保持两手成杯状，接近杠铃杆，但不触及杠铃杆，在跟随杠铃向上移动的过程中，缓慢伸膝、髋和躯干，保持背部挺直，一组练习完成后，两监护者同步侧移，跟随受训人员走向支架，两人同时抓握杠铃杆，辅助受训人员保持杠铃平衡，并将杠铃放回支架，平稳地松手。

锻炼的肌肉：臀大肌、半膜肌、半腱肌、股二头肌、股外侧肌、股内侧肌、股中肌、股直肌。

固定形式：远固定。

a　　　　　　　　　　　　　　b

图 4-12　背蹲（a、b）

3. 蹬腿。

起始姿势：腰、髋、臀紧贴靠垫坐在练习器座位上，两脚开立与髋同宽置于上蹬平台上，略微外八字，两腿相互平行，手抓把手，移动髋和膝，使之尽量靠紧靠垫，用手移去支撑装置并再次抓紧把手，每一次重复动作都由这个姿势开始。

向下运动时相：髋、膝缓慢地屈，使脚蹬平台下移，不要让平台下得太快，保持髋、臀在座位上，背挺直地靠在背垫上，不要使髋或臀部离开座位，保持腿的相互平行，下降过程中，手不要松开把手，屈髋屈膝，直至大腿与脚蹬平台平行为止。

向上运动时相：伸髋、伸膝用力向上推动平台，上推到充分伸展的位置，但不要锁死膝关节，髋、背位置保持不变，不要抬起臀部，不要内外晃动膝关节，完成一组练习后，放回支撑装置，抬脚离开练习器。

锻炼的肌肉：臀大肌、半膜肌、半腱肌、股二头肌、股外侧肌、股中肌、股内侧肌、股直肌。

固定形式：近固定。

a

b

图 4-13　蹬腿（a、b）

脚位于踏板的不同位置：

c 上位（主要强化臀肌和腘绳肌）

d 下位（主要强化股四头肌）

e 宽位（主要强化内收肌）

f 窄位（主要强化股四头肌）

图 4-14　蹬腿（c、d、e、f）

4. 前弓步。

起始姿势（受训人员）：受训人员站在杠铃下双脚开立与肩同宽或略比肩宽，将杠铃放至斜方肌与三角肌后束，挺胸抬头，双手正握杠铃，略比肩宽，一旦准备就绪，示意监护者将杠铃移出支架。

起始姿势（监护者）：垂直站立且非常靠近受训人员，两脚分立与肩同宽，微微屈膝，在受训人员示意后，协助受训人员平衡举起杠铃，离开支架，监护者和受训人员应同步，当受训人员准备好时，监护者保持站立与髋同宽，膝部微屈，躯干挺直，两手接近受训人员臀部、腰部或躯干处。

向下运动时相（受训人员）：受训人员向前迈出一条腿，迈出的这一步不能太大，保持身体的平衡和稳定。受训人员弯曲膝盖和髋关节直到大腿与地面保持平行，当前脚掌完全踏地，保持躯干挺直，保持固定腿，再完成起始姿势，允许固定腿的膝关节微屈，膝盖与地面距离大约 2.5 厘米，两腿之间平分重量。

向下运动时相（监护者）：与受训人员一样同脚前跨，保持前导膝、脚与受训人员前导脚成一条直线，前导脚位于受训人员脚后方 30 厘米～40 厘米，随着受训人员的前导膝屈曲而屈曲，保持躯干垂直，始终保持站立与髋同宽，膝部微屈，躯干挺直，两手接近受训人员臀部、腰部或躯干处。

向上运动时相（受训人员）：靠伸展的前导脚的髋关节和膝关节，用力推离地面，继续保持躯干挺直的姿势，不要靠上背的后倾来借力，向后带动前导脚回到固定脚的旁边，不要跺步完后挪，当这一组练习完成后，把杠铃放在支架上。

向上运动时相（监护者）：与受训人员同时将前导脚后推，向后带动前导脚回到固定脚的旁边，不要跺步完后挪，保持双手放在接近受训人员的髋部、腰部或躯干处，垂直站立成起始姿势，必要时协助受训人员保持平衡，当这一组练习完成后，协助受训人员将杠铃放在支架上。

锻炼的肌肉：臀大肌、半膜肌、半腱肌、股二头肌、股外侧肌、股中肌、股内侧肌、股直肌。

a   b

图 4-15　前弓步（a、b）

5. 蹬台阶。

起始姿势（受训人员）：受训人员站在杠铃下双脚开立与肩同宽或略比肩宽，杠铃放于受训人员的上背部，正握杠铃，与肩同宽或略比肩宽，腰部挺直，目视前方，一旦准备就绪，示意监护者将其杠铃移出支架，受训人员走到箱子前，将前导脚放于箱子上，大腿与地面平行，保持躯干垂直，防止向后倾斜。箱子高度应该为 30 厘米~46 厘米。

起始姿势（监护者）：监护者垂直站立且相当接近学员，两腿分开，微微屈膝，在受训人员示意后，协助其将杠铃移出支架，一同和受训人员走到箱子前，将手放于受训人员臀部、腰部或者是躯干处，保持躯干垂直。

向上运动时相（受训人员）：受训人员保持躯干垂直，勿往前倾，保持固定脚在起始姿势，用力伸髋关节和膝关节，移动身体站在箱子上，始终要保持躯干的刚性，腰部挺直，髋关节不能出现屈曲的现象。

向上运动时相（监护者）：当受训人员跨足上阶时，面朝受训人员，身体倾斜以手臂接近受训人员，尽可能将手放于接近受训人员臀部、腰部或者是躯干处，必要时协助受训人员保持平衡。

向下运动时相（受训人员）：将重量转移到前导脚上，固定脚下箱子，保持躯干挺直，当固定脚和地面完全接触后，保持身体直立成起始姿势，一组练习完成后，将杠铃放到支架上。

向下运动时相（监护者）：当受训人员下回地面时，以手臂跟随其动作而动，将手放于受训人员臀部、腰部或者是躯干处，保持躯干垂直，必要时协助受训人员保持平衡，一组练习完成后，协助受训人员将杠铃放到支架上。

锻炼的肌肉：臀大肌、半膜肌、半腱肌、股二头肌、股外侧肌、股中肌、股内侧肌、股直肌。

固定形式：远固定。

| a | b |

图 4-16　蹬台阶（a、b）

6. 早安式。

起始姿势：受训人员站在杠铃下双脚开立与肩同宽或略比肩宽，将杠铃放至斜方肌与三角肌后束，双手正握杠铃，略比肩宽，抬高肘部来支持杠铃，挺胸，头微微往上倾斜，保持身体直立。

向下运动时相：从缓慢屈髋关节开始，下降过程中臀部水平向后方移动，保持背部平直和抬高肘部，杠铃稍微位于脚尖的后方，脚不能离开地面，继续下降直到躯干几乎和地面平行。

向上运动时相：通过伸展髋关节，抬起杠铃，在上升过程中保持背部平直，继续伸髋慢慢回到起始姿势。

锻炼的肌肉：臀大肌、半膜肌、半腱肌、股二头肌、股侧外肌、股内侧肌、股中肌、股直肌。

固定形式：近固定。

| a | b |

图 4-17　早安式（a、b）

7. 硬拉。

起始姿势：两脚开立，宽度介于肩宽与髋宽之间，脚尖朝前，略微外八字，下蹲，两手抓住杠铃，以闭锁式正反握法握住杠铃，肘伸直，背部挺直或略呈弧形，斜方肌放松，略微拉长，挺胸，肩胛骨后缩，头与躯干成一线或微后伸，目光盯着前方或略上一点。

向上运动时相：伸髋、伸膝，拉起杠铃，保持躯干与地面角度不变，保持背部挺直，尽可能靠近胫骨拉起杠铃，当杠铃刚刚超过膝关节时，髋部往前移动带动大腿向前，膝关节处于杠铃下方，当膝关节和髋关节完全伸展后形成一个垂直的身体站立位。

向下运动时相：膝关节和髋关节缓慢屈回，将杠铃放置于地面上，保持背部挺直，躯干不能前屈。

锻炼的肌肉：臀大肌、半膜肌、半腱肌、股二头肌、股侧外肌、股内侧肌、股中肌、股直肌。

固定形式：远固定。

a　　　　　　　　　　　　　　　b

图 4-18　硬拉（a、b）

8. 罗马尼亚硬拉。

起始姿势：两脚开立，宽度介于肩宽与髋宽之间，脚尖朝前，略微外八字，直立，两手抓好杠铃，置于膝外侧，肘伸直，肩部位于杠铃的正上方。

向上运动时相：躯干缓慢向前屈，保持膝关节微屈，背部挺直，不要晃动躯干或屈肘加以辅助，肩部在整个动作过程中处于杠铃的上方或前上方，伸髋、伸膝，拉起杠铃。

向下运动时相：保持躯干挺直，然后躯干在髋部前屈将杠铃朝地轻放，在下降过程中，保持膝关节轻度或中度的弯曲，背部平直，肘关节完全伸直。

锻炼的肌肉：臀大肌、半膜肌、半腱肌、股二头肌。

固定形式：远固定。

正面 a

正面 b

侧面 a

侧面 b

图 4-19　罗马尼亚硬拉（正面 a、正面 b、侧面 a、侧面 b)

9. 膝前伸。

起始姿势：坐位，背部紧靠靠垫，脚踝放在器械的踝滚后，并紧贴踝滚，两脚两腿平行，膝关节要与机器转轴同心，否则调整靠垫或踝滚，摆正腿位，两手抓紧座位两侧的把手。

向上运动时相：充分伸膝，抬起踝滚，保持躯干直立，背紧靠靠垫，保持大腿、小腿和脚的平行，两手要抓紧把手，不让髋或臀部离开座位，不要用力锁死膝关节。

向下运动时相：膝部缓慢弯曲回到起始姿势，保持躯干挺直，紧密以背部抵压背垫，保持大腿、小腿和脚的平行，不让髋或臀部离开座位，两手要抓紧把手。

锻炼的肌肉：股外侧肌、股内侧肌、股中间肌、股直肌。

固定形式：近固定。

a   b

图 4-20　膝前伸（a、b）

10. 膝后屈。

起始姿势：坐在练习器械的垫子上，贴紧垫子，踝关节放在踝滚之前并与之贴紧，两腿相互平行，膝关节要与器械转动轴同心，否则调整踝滚，摆正腿位，抓紧身体两侧的把手。

向下运动时相：充分屈膝，下压踝滚，保持躯干直立，背紧靠靠垫，保持大腿、小腿和脚的平行，两手要抓紧把手，不让髋或臀部离开座位。

向上运动时相：缓慢伸膝，回到起始部位，保持躯干固定，背部和臀部紧贴垫子，两手抓紧身体两侧的把手，不要用力锁死膝关节。

锻炼的肌肉：半膜肌、半腱肌、股二头肌。

固定形式：近固定。

a   b

图 4-21　膝后屈（a、b）

11. 股后肌群起。

起始姿势：受训人员跪在垫子上，躯干保持直立，两肘关节屈曲，离胸前约10厘米，目视前方，由监护者按压住其小腿跟腱部，保持固定姿势。

向下运动时相：身体缓慢下放，始终保持躯干直立，髋关节紧张、稳定，直至手臂和地面接触。

向上运动时相：大腿后侧肌群收缩，使身体缓慢上起，同时保持躯干直立，直到回到起始姿势。

锻炼的肌肉：半膜肌、半腱肌、股二头肌。

固定形式：远固定。

a　　　　　　　　　　　　　　b

c

图 4-22　股后肌群起（a、b、c）

（七）肩与手臂

1. 肩上推举。

起始姿势（受训人员）：在垂直的凳子上坐下，保持身体"五点"接触姿势，正握住杠铃，握宽大于肩宽，示意监护者将杠铃移出支架，推举杠铃过头，直至手肘完全伸直。

起始姿势（监护者）：监护者两脚分开，与肩同宽，微微屈膝，以正反握的方式抓住杠铃，在受训人员示意后，帮助其将杠铃移出支架。

向下运动时相（受训人员）：肘关节缓慢弯曲，降低杠铃，保持腕关节紧张，双臂平行，当杠铃接触到锁骨和三角肌前束时，头部微微伸展，使杠铃通过面部，始终保持"五点"接触。

向下运动时相（监护者）：在杠铃下降过程中，以正反握接近杠铃但不要接触到，随着杠铃的运动，监护者保持稍微弯曲，背部挺直。

向上运动时相（受训人员）：通过伸展肘关节，直至肘关节完全伸直，保持腕关节紧张，双臂平行，保持"五点"接触，不要弓背或是离开座椅，完成一组练习后，示意监护者协助将杠铃放于支架上。

向上运动时相（监护者）：在杠铃上升过程中，以正反握接近杠铃但不要接触到，随着杠铃的运动，膝关节、髋关节和躯干稍微伸直，背部保持平直，在受训人员示意完成一组练习后，协助将杠铃放于支架上。

锻炼的肌肉：三角肌前部和中部。

固定形式：近固定。

a　　　　　　　　　　　　　　　　b

图4-23　肩上推举（a、b）

2. 哑铃肩上推举。

起始姿势（受训人员）：在垂直的凳子上坐下，保持身体"五点"接触姿势，正握哑铃，肘部弯曲，前臂保持平行。

起始姿势（监护者）：监护者两脚分开，与肩同宽，微微屈膝靠近凳子垂直站立，双手握住受训人员的前臂，靠近手腕的位置，听到受训人员的信号后，双手平稳地从受训人员的前臂松开。

向上运动时相（受训人员）：用力向上推哑铃，直到肘关节完全伸直，手腕要紧张、稳定，保持身体的"五点"接触，不要拱腰，不要用力锁死肘关节。

向上运动时相（监护者）：在哑铃的上升过程中，保持手和前臂很接近，但不要触及受训人员的前臂，跟随着哑铃上升的过程中，伸膝、伸髋，但要保持背部挺直。

向下运动时相（受训人员）：缓慢屈肘，放低哑铃至起始姿势，始终保持手腕紧张、稳定和身体的"五点"接触。

向下运动时相（监护者）：在哑铃下降的过程中，保持手和前臂很接近，但不要触及受训人员的前臂，在哑铃下降的过程中，微微屈膝、屈髋，背部保持挺直。

锻炼的肌肉：三角肌前部和中部。

固定形式：近固定。

a   b

图 4-24　哑铃肩上推举（a、b）

3. 练习器肩上推举。

起始姿势：坐好，躯干紧靠背垫，身体保持"五点"接触，正握把手，通过调整座位高度，使把手与肩部在一水平面上。

向上运动时相：用力向上推把手，直到肘关节完全伸直，保持身体的"五点"接触，不要拱腰，不要用力锁死肘关节。

向下运动时相：缓慢屈肘，放低手柄至起始姿势，保持身体的"五点"接触。

锻炼的肌肉：三角肌的前部和中部。

固定形式：近固定。

a   b

图 4-25　练习器肩上推举（a、b）

4. 提肘上拉。

起始姿势：正握杠铃，握距比肩窄，两脚开立与肩同宽，膝微屈，肘关节伸直指向外侧，杠铃靠着大腿。

向上运动时相：将杠铃沿着腹、胸向下颌提拉，保持膝、躯干姿势不变，不要晃动身体，不要脚跟离地，不要摆动杠铃，拉到最高点时，肘高过手腕，甚至高过肩。

向下运动时相：缓慢将杠铃放回起始姿势，保持躯干和膝关节的位置不变，在下降到最低位置时，不要在大腿上弹杠铃。

锻炼的肌肉：三角肌、斜方肌。

固定形式：近固定。

a   b

图 4-26　提肘上拉（a、b）

5. 伸肘下压。

起始姿势：正握把手，握距 15 厘米～30 厘米，两脚开立与肩同宽，膝微屈，身体靠近练习器站立，靠近的程度以受训人员保持站立姿势时与下拉绳正好平行为宜，下拉把手，使上臂贴在躯干两侧，屈肘，使前臂与地面平行或略高于肘关节，每一次重复，都由此位置开始。

向下运动时相：向下推压把手，直到肘关节完全伸直，保持躯干直立，上臂固定，不要用力锁死肘关节。

向上运动时相：肘关节缓慢地屈，直到起始姿势，躯干、上臂、膝关节保持原位，一组练习结束后，将把手缓慢送到休息位置。

锻炼的肌肉：肱三头肌。

固定形式：近固定。

a   b

图 4-27　伸肘下压（a、b）

（八）爆发力练习

1. 快速上举。

这个练习是快速有力地将杠铃由肩前部推至头顶上方。尽管该练习的上升过程分为两个时相，但整个上举过程是一个连续的、不间断的过程。该练习可以在爆发力练习架中由支架上取下杠铃置于肩部，或者通过高翻练习动作将杠铃由地面举至肩部开始。下面的动作要领介绍的是在爆发力练习架内进行的"推举"。

起始姿势：正握杠铃，握距较肩略宽，身体移到杠铃杆下方，两脚开立与髋同宽，相互平行，向上移动到杠铃杆位置，将杠铃杆放在三角肌前部和锁骨上，伸髋、伸膝、将杠铃抬离支架，向后退一步，两脚分立与肩同宽（或略宽于肩），两脚受力均匀，脚微微外八字，每一次重复都由此位置开始。

向上运动时相：下蹲之后，快速有力地伸髋、伸膝，接着利用推肘之力将杠铃举至头顶上方。

向下运动时相：逐步减小臂部肌肉的紧张度，使杠铃有控制地下移至肩部，同时屈髋、膝，以缓冲杠铃对肩部的冲击力。

锻炼的肌肉：臀大肌、半膜肌、半腱肌、股二头肌、股外侧肌、股内侧肌、股直肌、比目鱼肌、腓肠肌。

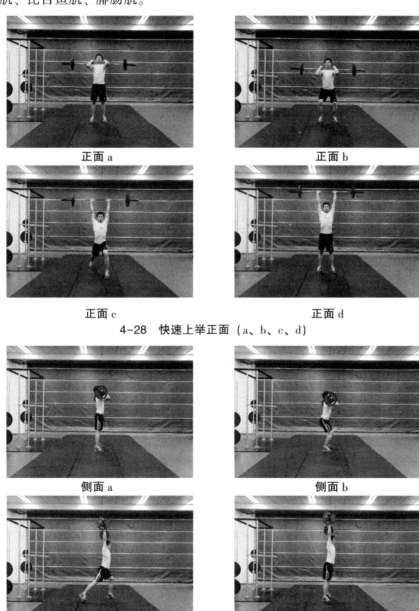

正面a　　　　　　　　　　　　　正面b

正面c　　　　　　　　　　　　　正面d

4-28　快速上举正面（a、b、c、d）

侧面a　　　　　　　　　　　　　侧面b

侧面c　　　　　　　　　　　　　侧面d

图4-29　快速上举侧面（a、b、c、d）

2. 高翻。

这个练习是通过快速有力的提拉将杠铃由地面快速移至肩前。这个动作虽然包含四个时相，但却是一个一次完成的、连贯的、不间断的整体动作。

起始姿势：两脚开立，宽度介于肩宽与髋宽之间，脚轻微外八字，下蹲，髋低于肩，两手正握杠铃，握距略宽于肩，置于两膝外侧，肘伸直，脚平稳站立，杠铃杆在脚上方，距胫骨约 3 厘米。

向上运动时相（第一次提拉）：用力伸髋、膝，将杠铃提离地面，保持躯干与地面相对角度不变，不要在抬肩之前抬臀，保持背部挺直，保持肘关节伸直，头居中，肩在杠铃杆上方或略前，杠铃拉起后，尽量贴近胫骨。

向上运动时相（过渡）：当杠铃高过膝关节后，向前挺髋，轻微屈膝，膝向前顶，置于杠铃杆下方，保持背部挺直或微拱，肘伸直指向外侧，头与躯干成一线。

向上运动时相（第二次提拉）：快速有力地伸髋、伸膝，踝关节跖屈，保持杠铃杆贴近或触及大腿，保持杠铃杆尽量靠近身体，保持背部挺直，肘关节指向外侧，头与躯干成一线，保持肩在杠铃杆上方，肘关节伸直的时间越长越好，当下肢关节充分伸展之时，快速向上耸肩，仍保持肘伸直，当肩向上耸达到最高点后，屈肘，开始将身体移向杠铃杆下方，举杠越高、时间越长越好，由于这个阶段的爆发性质，躯干直立或微微后仰，头微微向后倾，脚可能短暂离开地面。

向上运动时相（抓杠）：当下肢关节完全伸展，杠铃达到最高点时，身体移入杠铃下方，胳膊移至杠铃杆下面，同时屈膝、屈髋，达到下蹲 1/4 的位置，一旦胳膊转至杠铃下面，抬肘，使上臂与地面平行，将杠铃横架在锁骨和三角肌前部之上，伸髋、伸膝，充分站直。

向下运动时相：逐步减小胳膊肌肉张力，有控制地将杠铃下降到大腿处，同时屈髋、屈膝，缓冲杠铃在大腿上的冲力，肘关节伸直下蹲，至杠铃触地。

锻炼的肌肉：臀大肌、半膜肌、半腱肌、股二头肌、股外侧肌、股内侧肌、股中肌、股直肌、比目鱼肌、腓肠肌、三角肌、斜方肌。

正面 a　　　　　　　　　　　　　　　　正面 b

正面 c　　　　　　　　　　　　　　　　正面 d

图 4-30　高翻正面（a、b、c、d）

侧面 a　　　　　　　　　　　　　　　　侧面 b

侧面 c　　　　　　　　　　　　　　　　侧面 d

图 4-31　高翻侧面（a、b、c、d）

3. 抓举。

这个练习是将杠铃从地面直接举到头顶上方，肘关节伸直，整个动作一气呵成，虽然上举过程可以分成很多时相，但动作一定要连贯、没有间隙。

起始姿势：两脚开立，宽度介于肩宽和髋宽之间，略微呈外八字，下蹲，肩高于髋，以闭锁式（或钩式）正握杠铃，握距较其他练习宽，有两种方法可以确定宽度：一是两肘之间的宽度，即两臂侧平举时两肘关节之间的距离；二是一侧胳膊侧平举，并握紧拳，其手的边缘到对侧肩的边缘之间的距离。肘关节伸直，两脚立稳，杠铃杆在脚面上方，距胫骨约 3 厘米。

向上运动时相（第一次提拉）：用力伸髋、伸膝，将杠铃提离地面，保持躯干与地面角度不变，不要在抬肩前抬臀，保持背部挺直，保持肘伸直，头居中并与躯干在一线，肩在杠铃杆上方或略前，杠铃拉起来后，尽量贴近胫骨。

向上运动时相（过渡）：杠铃一旦过膝，向前顶髋，膝关节微屈，向前顶到杠铃杆下方，保持背部挺直或略拱，肘要充分伸直，肘关节指向外侧，头与躯干成一线。

向上运动时相（第二次提拉）：快速、有力地伸髋、伸膝、跖屈踝关节，杠铃靠近或触及大腿前面，杠铃尽量靠近身体，保持背部挺直，肘指向外侧，头与躯干成一直线，肩在杠铃上方，尽量延长伸肘时间，当肘关节充分伸直后，快速向上耸肩，仍然保持直肘，当肩抬到最高位时屈肘，身体向杠铃杆下方移动，手臂尽量向上拉，保持越长时间、拉得越高越好，因为这个时相的爆发特性，躯干会直立或微微向后倾，两脚可能会有离地现象。

向上运动时相（抓）：当下肢全部伸直、杠铃接近最高点时，身体移至杠铃杆下方，快速转腕至杠铃杆下方，同时髋、膝屈至下蹲 1/4 位，伸髋、伸膝、站直，将杠铃稳定在头顶上。

向下运动时相：缓缓减轻肩的肌肉张力，有控制地将杠铃下放至大腿处，同时屈髋、屈膝缓冲杠铃对大腿的冲击，直肘下蹲直至杠铃触地。

锻炼的肌肉：臀大肌、半腱肌、半膜肌、股二头肌、股外侧肌、股内侧肌、股中肌、股直肌、比目鱼肌、腓肠肌、三角肌、斜方肌。

正面 a

正面 b

正面 c

正面 d

图 4-32 抓举正面（a、b、c、d）

侧面 a

侧面 b

侧面 c

侧面 d

图 4-33 抓举侧面（a、b、c、d）

（九）全身

1. 哑铃片旋转上举。

起始姿势：两腿成弓箭步，左腿和地面平行，右腿微屈，目光向前注视，上身向左转，且上身保持直立，将杠铃片放置在腹部或髋关节处。

向上运动时相：身体向右转动，左腿伸膝、伸髋，右腿向前蹬伸，同时屈膝、屈髋，将杠铃片推举至身体右前上方。

向下运动时相：身体向左转动，同时左腿屈膝、屈髋，右腿向后伸膝、伸髋，直至返回到起始姿势。

a   b

图 4-34 哑铃片旋转上举（a、b）

2. 俯卧撑侧举。

起始姿势：身体呈俯卧姿势，手持六角哑铃，肘关节完全伸展，保持身体挺直，两脚分开，与肩同宽，头部在身体的延长线上，保持固定。

向上运动时相：通过肘关节屈曲，使身体下降，在下降过程中，保持身体挺直，直至下降到和地面几乎接触时，其中一手臂向身体同侧高举，眼睛始终注视着哑铃，同时身体保持直立。

向下运动时相：高举的手臂缓慢收回，同时眼睛始终注视着哑铃，直至回到起始姿势，收回时要始终保持身体直立。

a   b

图 4-35 俯卧撑侧举（a、b）

3. 站姿俯卧推拉哑铃。

起始姿势：双脚平行站立，与肩同宽，膝关节伸直，躯干前屈，头部微微上扬，肘关节完全伸直，正握住哑铃。

向下运动时相：两臂向前滑动，始终保持两臂平行且肘关节完全伸展，在下降过程中躯干始终保持直立，背部平直，两臂尽可能向前方滑动。

向上运动时相：两臂向后滑动，始终保持两臂平行且肘关节完全伸展，躯干和背部保持平直，直至回到起始姿势。

a　　　　　　　　　　　　　　　　　　b

图 4-36　站姿俯卧推拉哑铃（a、b）

4. 土耳其举。

起始姿势：仰卧姿，左腿伸直，右腿屈膝约成 90°夹角。脚踏于地面，右手直握哑铃于胸部上方，手臂伸直且垂直于地面，左臂置于地面与身体约成 45°夹角，掌心朝下，双眼直视哑铃。

向上运动时相：上身按照右肩、左肩、腰背的顺序快速挺起离地，以左前臂支撑起身体，上身挺起，挺胸直背，左手伸直撑地，右腿及臀部用力，左侧缓缓向上抬起，左手支撑地面使身体从头至左脚跟呈一条直线，左腿向后移动单膝跪地，使左膝、踝与左手在一条直线上，与身体挺直，身体呈半跪姿，站起成直立姿基本站位，目视前方，在动作过程中，保持挺胸直背。持哑铃手臂与地面保持垂直，站起前右臂保持不变，眼睛直视哑铃。

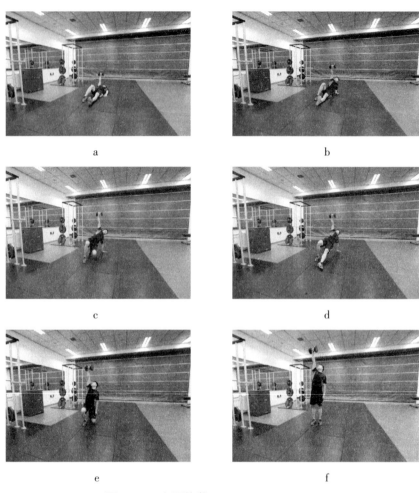

图 4-37　土耳其举（a、b、c、d、e、f）

第二节　速度素质训练

一、速度素质训练概述

（一）速度的定义

速度是指人体快速运动的能力。竞技运动中，速度主要体现在人体快速完成动作的能力、对外界信号刺激快速反应的能力，以及快速位移的能力。速度是决定运动成绩的重要因素，某些项目的成绩受到速度的直接影响，如 100 米跑、短距离游泳、场地自行车、速度滑冰等，以运动员快速运动能力决定胜负；某些项目虽不是比速度，但是速度对运动成绩具有重要影响，如跳远、拳击、击剑、足球等。

（二）速度的分类

速度包括反应速度、动作速度、移动速度。

反应速度是指人体对各种信号刺激（声、光、触等）快速应答的能力。由于受训人员对不同类型信号的反应时是不同的，训练中往往根据不同项目的特点测定受训人员对特定信号的反应时。

动作速度是指人体或人体某一部分快速完成某一个动作的能力。动作速度是技术动作不可缺少的要素，表现为人体完成某一技术动作时的挥摆速度、击打速度、蹬伸速度、踢踹速度等，此外还包含在连续完成单个动作时在单位时间里重复次数的多少（即动作频率）。

移动速度是指人体在特定方向上位移的速度。移动速度能力可概括为机体的速度提高率、最大速度和保持最大速度的能力。有一种观点是：速度是爆发力在特定动作中的体现。这说明速度和力量有着极其密切的联系。另外，根据动力学公式 $F = ma$ 可以看出，速度提高率受到体重和力量的影响。

这三种速度类型在运动实践中既有区别又有联系。移动速度是由各单个动作速度（如途中跑时的后蹬速度，前摆腿动作速度，摆臂速度等）组成。反应速度实际上是反应动作过程中的第一个运动速度；而反应速度往往是移动速度的开始（如起跑）。但它们又不能画等号，反应速度好的，动作速度和移动速度并不一定好；而动作速度和移动速度好的，反应速度又不一定快。如在 1980 年莫斯科奥运会上 100 米赛跑决赛中，金牌获得者是英国运动员艾伦·威尔斯，其 100 米跑的成绩为 10.25 秒，但他的起跑速度为 0.193 秒，是 8 名决赛选手中最慢的一个，而位居第八名的法国运动员潘卓，起跑速度高达 0.130 秒，是 8 名运动员中起跑速度最好的一个。

（三）反应速度训练

1. 反应速度的影响因素。反应速度主要取决于人的感受器（视觉、听觉）和其他分析器的特征，以及中枢神经系统与神经肌肉之间的协调关系。反应速度受遗传效应影响较大，很难通过训练得到大幅度提高。例如，没有从事专门训练的人的反应时间通常在 0.2 秒~0.3 秒之间波动，而一个训练有素的运动员的反应时间也只能是在 0.1 秒~0.2 秒内浮动。因此，在训练过程中，反应时间提高的幅度通常不可能超过 0.1 秒。

（1）反应时。"反应时"是指从给予受训人员信号刺激到开始产生动作的时间，由感觉时（接受刺激）和决定时（思维时）组成，是人的大脑皮层中枢神经系统的反应能力，也称"潜伏期"。反应时是反映应答能力的主要指标。该能力受遗传效应影响较大，因此很难得到大幅度的提高。

（2）准备动作及动作的熟练程度。动作准备是采取行动的预备状态，良好的动作准备可以提高反应速度。例如，起动训练就是让受训人员有一个较为合理的准备动作，为接下来的行动奠定基础。应答动作是否熟练也影响着动作速度。例如，刺激信号一出现，学员就会立刻做出相应的反应动作。

（3）接受刺激的感受器的数量不同。信号刺激程度受到接受刺激的感受器数量影响。信号刺激的强度和广度都会对机体快速反应产生影响。例如，视觉和触觉信息的刺激可以促使篮球运动员在篮下做出更快的反应。

（4）年龄。年龄也是影响反应速度的因素之一。例如，反应速度在 10~17 岁达最佳水平的 88%，19~20 岁达最佳水平，30~49 岁仍能保持 97% 的水平。

另外，不同的信号刺激、不同机能状况等因素都会影响人的反应速度的表现。

2. 反应速度训练方法。

（1）信号刺激法。利用突然发出的信号提高受训人员对信号的反应能力。该方法要求学员能对各种信号迅速做出反应运动，如通过教官的口令、鸣哨和鸣枪等信号，提高起跑、入水和起划的能力。刺激信号一般包括以下五种类型：

第一，固定信号源单一信号练习。如发令起跑 10 米~30 米重复 6~10 次，发令入水 5 米~10 米重复 6~10 次，发令起滑 40 米~100 米重复 6~10 次；乒乓球、羽毛球、排球等单一技术的多球训练；足球固定套路进攻，训练中防守者见到进攻者起动亦立即起动等。

第二，固定信号源多元信号训练。采用突然变化的应答性动作进行训练。如让受训人员根据突然变化的口令或信号改变动作的方式，或运用带有突然性的信号或口令的球类游戏或其他游戏提高反应速度。

第三，固定信号源选择信号练习。如乒乓球多球训练中，教官打过来转或不转的球，学员做出瞬间反应，并打出相应的回球。

第四，移动信号源单一信号练习。如篮球运动中持球者听到不同部位传来要球的信号，立即将球传给同伴；拳击选手在神经反射练习板前见到任何方位出现信号时，立即用手触摸。

第五，移动信号源选择信号练习。如利用神经反射练习板，从不同方位发出不同的信号，学员迅速做出选择性回应。

（2）运动感觉法。通过提高受训人员本体感受及对时间和空间的感知能力，来提高其反应能力。该方法适合于中长跑、游泳等项目。运用运动感觉法练习的具体步骤一般分三步：第一步，对信号快速做出应答后，由教官告知反应时间；第二步，对信号快速做出应答后，教官要求受训人员自己报告估计的时间，然后教官再告诉准确时间，让受训人员核对；第三步，要求受训人员按事先确定的时间完成动作。这种练习可以提高受训人员对时间判断的能力，促使反应速度提高。

（3）移动目标的练习。这是一种对移动目标（如球、对手或教官）的变化做出反应的练习方法。适合于击剑、乒乓球、排球、羽毛球等项目的反应速度训练。具体步骤一般分四步：第一步，看和听移动目标的信号；第二步，判断移动目标运动的方向和速度；第三步，确定对移动目标信号做出反应的应答方案；第四步，做出应答反应动作。其中判断目标的移动方位、速度快慢和准确性会直接影响所选择应答方案的正误，因此，第二步是该训练方法的重点。训练中还可逐渐提高难度，例如做第二步时，可缩短与目标的距离或提高目标移动的速度。

（4）选择性信号反应练习。受训人员通过对几种复合信号做出选择性判断，只对其中一种信号做出应答反应，来提高反应速度。该方法主要是提高受训人员对运动中出现的复合信号（如对对手的真假动作中的真动作）迅速做出判断反应的能力。练习时，随着信号复杂程度的变化，让受训人员做出与信号内容相反的应答动作，这是一项重要的练习内容。如教官喊"下蹲"同时做下蹲动作，受训人员站立不动；教官喊"向左转"，受训人员则向右转；教官喊1、2、3、4中的某一个数字时，受训人员应及时做出相应（事先规定）的动作等。

3. 反应速度训练应注意的问题。反应速度由神经反射通路的传导速度所决定，基本属于纯生理过程，不受其他因素影响。纯生理过程的提高是相当困难的，很大程度上取决于遗传因素，通过训练可使受训人员潜在的反应速度能力表现出来，稳定下来。

在训练中，要求受训人员集中注意力。在训练中受训人员注意力集中与不集中大不一样，受训人员注意力集中，可使神经系统处于适宜的兴奋状态，使肌肉处于紧张待发状态，此时肌肉的反应速度相较于处于松弛状态时可提高60%左右。当然，这种紧张待发状态必须有时间的限制，一般地说，适宜时间为1秒~5秒左右，最多不能超过8秒。把注意力集中在完成的动作上效果更好，可缩短潜伏时间（见表4-4）。因此，短跑运动员在"预备"起跑时，要紧紧地压住起跑器，把思想集中于准备迅速迈出第一步。

表4-4　注意类型潜伏期

类型	注意分配	潜伏期（毫秒）
感觉型	注意力集中在出发信号上	160~175
运动型	注意力集中在完成的动作上	100~125
中间型	注意力集中在信号和动作上	140~150

反应速度的提高在很大程度上取决于受训人员对信号回答反应的动作熟练程度上。在进行反应速度的训练时，还要经常改变刺激因素的强弱和信号发出的时间。

（四）动作速度训练

1. 动作速度的影响因素。机体任何部位动作速度的快慢，主要取决于中枢神经系统的功能、引起该部位运动的肌肉力量大小，以及技术动作的合理性。

（1）技术动作。动作速度快慢受中枢神经系统兴奋与抑制的转换速度和神经-肌肉协调性的影响。合理的技术反映的生理机制就是大脑皮层神经兴奋与抑制转换以及神经—肌肉协调性的好坏。因此，提高动作质量是动作速度训练的重要内容。

（2）快速力量。动作的完成最终依靠机体肌肉收缩做功完成。技术动作所涉及的肌肉快速收缩能力是快速完成动作的重要因素。

（3）柔韧性。柔韧性并不直接影响动作速度，但是它在一定程度上影响着动作的幅度和肌肉收缩，因此，它主要通过对技术动作质量和肌肉快速用力的影响，制约动作速度的快慢。

2. 提高动作速度常用的方法。提高动作速度的方法主要包括提高技术的训练方法，如完整法、分解法、表象法、想象法。另外还包括提高力量及柔韧性的方法。以上方法不作具体介绍，下面介绍几种练习的方法：

（1）助力或减阻练习法。该方法是训练中给予受训人员以助力，帮助其快速完成练习动作的训练方法。另外，也是减轻外界阻力（负重重量）的训练方法。具体手段如投掷运动员用轻器械投掷，以体会更快动作速度的感觉。

（2）预先加难练习法。加大难度、加大阻力进行练习后，突然将阻力取消，或将难度恢复到正常水平，利用前面练习对神经系统及运动系统的较高要求，在短时间内的后续作用（痕迹作用）下有效提高动作速度。具体训练手段如跳高选手腿缚沙袋做摆腿练习，除去沙袋后接着再做若干次，以提高起跳瞬间摆动腿的速度。

（3）变换训练法。这是缩小完成练习的空间时间界限（如球类小场地快速完成练习）的练习法。快速动作的完成与持续练习的时间长短、完成动作活动的空间大小有关。因此，通过小场地的练习，可以限制活动的时间和范围，使技术动作频繁出现，从而能够提高受训人员完成动作的速度。例如，5人制的室内足球比赛，3人制的篮球赛，等等。

（4）速度控制训练法。通过主动对动作速度进行有效控制练习来提高受训人员对动作速度的感知能力，进而提高受训人员的动作速度。例如，武术运动员运用比正式动作速度慢的速度进行练习，从中体会在肌肉放松的情况下的用力大小、方向、节奏等，然后再以最大速度完成动作，这样往往能起到很好的训练效果。

（5）信号刺激法。借助信号刺激提高动作速度。如利用同步声音的伴奏，使学员伴随着声音信号的快节奏而做出协调一致的快速动作。

3. 动作速度训练注意的问题。

（1）重视建立正确的技术动作。提高动作速度应与掌握和保持正确的技术动作紧密地结合在一起。合理的、正确的运动技术必须符合项目运动规律，有利于受训人员的生理、心理能力得到充分的发挥，有助于受训人员取得良好的竞技效果。完成技术动作时能否发挥出较高的动作速度受技术动作质量的直接影响。如果技术动作不合理，中枢神经系统对肌肉系统中主动肌、协同肌、对抗肌的支配不协调，将影响动作速度的发挥，最终影响到运动成绩的提高。

（2）动作速度训练与专项动作相一致。动作速度具有明显的专项性。不同运动项目对动作速度的要求是不同的，受训人员通过这些专门性练习所获得的动作速度能力对提高运动成绩具有直接作用。如在短距离跑训练中所采用的小步跑、高抬腿跑等专门性练习，游泳运动员采用专门转身等练习，都应对动作提出严格的要求。如果动作速度训练的动作与专项动作不一致，那么提高的动作速度与成绩提升的相关性将有所降低。

（3）在以反复做某一个规定动作（如两腿快速交替练习）为手段训练时，应合理地变换练习的速度。

（4）动作速度训练中，注意控制好各训练要素。动作速度训练强度较大，要求受训人员的兴奋性要高，一般持续时间不应超过 20 秒。重复的组数以不降低动作速度为原则。

（5）练习前充分做好准备活动。动作速度训练强调训练的质量，强度要求一般较高，以获得较高的动作速度，这就要求受训人员保持一定的神经兴奋性，否则会影响完成动作的速度，甚至会出现运动损伤。

（五）移动速度训练

在众多的运动项目中，受训人员在静止或者相对移动的状态下起动时，总是试图尽可能快地达到最高速度，这就要求受训人员具有较强的加速能力。最大速度是指受训人员不能再做加速运动并且达到个人运动速度最高值的速度点。在这个速度点上，受训人员试图保持速度尽可能长的时间，同时克服疲劳、摩擦和空气阻力等致使速度下降的因素，把速度下降的可能性降到最低。因此，速度训练主要包括加速能力、最大速度和速度耐力三大部分。

1. 移动速度的影响因素。根据运动学原理，移动速度的主要影响因素是步频和步长。步频即单位时间内完成的动作周期数，步长即每一个动作周期在特定运动方向上的位移幅度。这两个因素的改善以及它们之间的合理组合是提高移动速度的关键。但是在实际运动中，受训人员的起动能力是不容忽略的因素。良好的起跑姿势（站立式、转身式和行进间起跑）有助于提高速度。

（1）形态学因素。体型和影响变量如身高、体重、四肢的长度都对移动速度产生一定的影响。从几何学的角度看，优秀运动员各自具备不同的体型，身材矮小的运动员相对于身材高大的运动员虽然步长短，但他们具有较快的步频。现在的奥林匹克短跑运动员在体重和身高方面稍微高于20世纪30年代至50年代的运动员。由于运动员个体的差异，对于短跑运动员没有一个绝对完美的体型标准。但是，相对某运动专项而言，运动员个体形态是不容忽视的要素。

（2）生理学因素。遗传因素如快慢肌纤维的比例、体脂百分比等生理学因素影响着加速能力和最大速度。

① 肌纤维类型。肌纤维类型的生物学特征在力量训练部分已经阐述。在此仅对肌纤维类型对速度的影响进行分析。肌肉中含有较多的快肌纤维，可产生快速、较高功率的收缩。快肌纤维比例较高的个体相对慢肌纤维比例较高的个体而言，从事短跑运动更具有较高的速度潜力。慢肌纤维比例较高的个体更适合于从事越野跑、马拉松和其他有氧需求较高的运动。对于男性和女性而言，肌纤维百分比是相似的。尽管慢肌纤维能够转换为快肌纤维的理论尚存争议，但是，新证据显示，持续的高强度训练可以实现这种转换，并提高快肌纤维相对于慢肌纤维的比例。合理的高强度训练能够募集并改善快肌纤维，有利于加速能力和速度的提高。

表4-5　快肌纤维在速度项目和耐力项目中的百分比

运动类型		男性	女性
速度型运动	短跑（100米~200米）	48%~80%	72%~75%
	冰球运动员	44%~62%	—
	铅球、铁饼运动员	50%~88%	45%~52%
耐力型运动	越野跑	25%~45%	25%~50%
	自行车运动员	25%~50%	35%~65%
	800米跑	40%~64%	25%~55%
	未经训练者	25%~62%	25%~72%

上表对比了速度型运动员和耐力型运动员快肌纤维的含量。保持姿势的肌肉

如比目鱼肌主要是慢肌纤维组成，而动力肌肉如股四头肌则由快肌和慢肌两种肌纤维构成，这既适宜于低功率输出的慢跑运动，又能满足较高功率输出的短跑运动。

② 体脂百分比。体脂百分比在一定程度上反映了运动员的健康水平和运动水平。从事不同运动的运动员的体脂百分比存在一定的差异，例如，男性体脂百分比在 6%~10%，女性体脂百分比在 12%~17% 体重范围内，从事短跑运动比较理想。较低的体脂百分比将对健康产生消极影响，无论男性还是女性，即使是运动员也不例外。相反，运动员过多的脂肪将对加速能力和速度产生负面影响。

③ 技术与协调性。没有两个运动员具有同样的跑步技术，但是合理的跑步技术是相似的。纠正手臂动作、身体倾斜度、脚掌落地、步长大小、紧张状态，可以提高加速能力和速度。

协调性是影响短跑成绩的重要因素之一。要想提高速度，个体必须协调四肢的动作和肌肉合理用力。任何不正确或效率低的肢体动作都将不利于速度的提高。协调性训练对促进运动员身体动作协调（按合理而适当的顺序运用肌肉）、提高用力效率非常重要。例如，高抬腿跑、后踢腿跑等短跑练习有助于提高身体的协调性。

④力量。力量训练有助于提高步长、步频，同时也影响其他的训练参数。运动员如果没有足够的力量，虽然协调性好，仍不可能成为优秀的短跑运动员。比如，起跑时快速力量差，很难获得较大的加速度。另外，机体移动做功是和肌肉力量分不开的，如在 400 米的冲刺阶段没有足够的力量，抬腿不充分，很难保持较高的速度。

为提高速度，进行力量训练是必须的。力量训练常常分为一般力量训练和专项力量训练。一般力量训练是为专项力量训练打基础，提高基础力量和肌肉平衡（一般力量训练参见本章第一节内容）。专项力量训练的目标是提高最适合专项运动需要的力量。100 米短跑运动员的力量训练不同于 400 米短跑运动员的力量训练。专项力量练习同短跑动作密切相关，并直接有助于运动员技术的提高。常用练习手段包括：阻力带、高抬腿跑、跨步跳、上坡跑等来进行抗阻力量练习。弹跳练习和冲刺练习可以帮助运动员建立正确的神经肌肉运动形式以提高步频、步长并减少机体运动时能量的浪费。弹跳练习的设计主要是提高运动员起动和加速所必需的腿部快速力量。冲刺练习的设计主要是提高形成最大冲刺速度的技术、力量和功率。

⑤ 柔韧性。柔韧性也是影响短跑成绩的重要因素。柔韧性不好将限制运动员的步长。没有良好的柔韧性，即使一个力量大、协调性好的运动员，其短跑成绩也不会达到最佳。大幅度完成跑动动作的能力是提高短跑速度所必需的。在短跑运动中，应特别注意跟腱、腓肠肌、腘绳肌群、髋屈肌群、髋伸肌群、双肩和躯干部位的柔韧性。

⑥ 速度耐力。速度耐力是指加速到最大速度后的保持或重复较短距离的冲刺能力。速度耐力在快速跑得前半程不对步频和步长产生影响，但是，它将决定运动员后半程速度减慢的量。即使在100米比赛中，短跑运动员在冲刺阶段的速度也会下降。很多人常说卡尔·刘易斯是100米跑冲刺最快的人，但事实上他是速度减慢最少的人。速度耐力较低的运动员，由于疲劳，在连续的比赛中不能同第一次跑一样拥有高水平的加速和冲刺。

2. 发展移动速度的基本途径。移动速度受到动作频率、动作幅度、加速能力、技术和速度耐力等因素影响，因此，提高以上因素是发展移动速度的基本途径。

表4-6 提高加速能力和速度的基本训练表

需提高的项目	专门训练计划
加速能力	专项的起动训练
	超等长力量训练
	抗阻力量训练
	冲刺训练
	助力速度训练
	阻力速度训练

需提高的项目	专门训练计划
步长	抗阻力量训练
	超等长训练
	冲刺练习
	助力速度训练
	阻力速度训练
	技术训练
	柔韧练习
步频	助力速度训练
	肌肉平衡训练
	放松能力训练
技术和速度耐力	技术训练
	速度耐力训练
	冲刺训练
	一般耐力训练

3. 移动速度训练方法。本部分主要介绍步频、步幅、起动能力、速度耐力等常用速度训练方法。技术训练、最大力量训练、超等长力量训练、肌肉平衡训练、柔韧性训练等训练方法参见相应章节。

（1）起动能力训练。起动能力训练的目的是为受训人员提供最大的加速能力。起动训练包括各种姿势下的起跑练习、负重短距离加速练习和短跑辅助技术练习。以下是一些常用的起动能力训练方法。

①俯撑起跑。该练习主要用来发展受训人员在加速时保持身体前倾的能力。该练习采用的距离较短，一般安排 5 米~30 米。具体练习如图所示：

a

b

c

图 4-38　俯撑起跑（a、b、c）

②前倒起跑。该练习主要用来发展加速技术，特别是身体的前倾能力。受训人员直立目视前方，整个身体前倾到不能控制的最后时刻向前加速，冲过特定的距离，比如 10 米。

a

b

图 4-39　前倒起跑（a、b）

（2）助力速度训练，也称超最大速度训练。助力速度训练是指利用器材或场地，进行超最大速度的练习，有利于突破已有的速度上限。如短跑的下坡跑，自行车的摩托车牵引等练习。在助力速度跑中，步频加快，收缩肌肉的肌电加强，蹬地反作用力加大，肌肉紧张度加大，肌肉内储存的弹性能增加，而且肌肉收缩的效率以及跑的技术都得到改善。

下面介绍两种基本的助力速度训练方法，分别是下坡跑、助力牵引跑。

①下坡跑。

方法要点：身体略微前倾，重心在支撑脚上方，核心收紧，减少身体晃动，加快步频，缩短步幅，减少单脚触地时间，降低冲击力，用前脚掌或全脚掌着地，手臂自然摆动。

场地要求：理想的下坡跑场地是 20 米平坦的地面冲刺（加速获得接近最大的速度），接着在 15 米 3~7 度倾斜角度的下坡冲刺（产生比正常条件下更大的步长、步频和速度），最后接 15 米的平地冲刺（使受训人员在没有助力的情况下，保持较高的速度）。倾斜角度大于 7 度将产生负面影响，如落地的危险、步长过长、脚跟着地、地面接触点超过身体重心，这将起到制动作用。制动作用和技术的变形在倾斜角度低于 3~4 度时也应该充分注意。

技术要求：强调技术的合理性，避免因下坡跑而造成技术的变形。

训练强度：开始进行训练时，可以用较低速度进行适应。适应后，必须全力跑。

训练量：训练重复次数和跑动距离随着训练的进行而逐步加大。

表 4-7　下坡跑助力训练计划

周次	重复次数（次）	加速距离（码）	助力距离（码）	进级	休息时间（秒）
1	2~3	10~15 码 1.5~2 秒	20~25 码 1~1.5 秒	每次增加一次重复次数	2
2	4~6	15~20 码 2~2.5 秒	20~25 码 1.5~2 秒	每次增加一次重复次数	2.5
3	7~9	20~25 码 2.5~3 秒	20~25 码 1.5~2 秒	每次增加一次重复次数	3
4	9~10	20~25 码 2.5~3 秒	20~25 码 1.5~2.5 秒	每次增加一次重复次数	3.5
5	9~10	20~25 码 2.5~3 秒	20~25 码 1.5~2.5 秒	每次增加一次重复次数	3.5

②助力牵引。助力牵引帮助受训人员获得较快的速度并不算是新方法。在阻力带和滑轮装置应用前，汽车、摩托车已经在应用。有研究认为，与下坡跑相比，

助力牵引比下坡跑产生较快的步频和步长。

助力牵引要求将6米~7.5米弹力带系到受训人员的腰部，另一边系到同伴或固定物上，如树、门柱。受训人员后退将弹力带拉长，产生弹力，在熟练调整和能够掌握平衡后才能进行高速练习。适应后，受训人员必须全力完成牵引跑练习，并增加牵引距离和重复次数（见表4-8）。

助力牵引时应注意跑动技术的合理性，避免技术变形。练习尽量在松软的草地进行，并且要检查有没有草皮脱落和其他物品。另外，牵引跑必须全力跑，否则达不到理想的超最大速度训练的效果。

表4-8　采用弹力管助力速度训练

周次	重复次数（次）	距离（码）	进级	休息时间（秒）
1	3~5	10~15 码	3/4 速度适应	2
2	3~5	10~15 码	最大速度	2
3	5~7	15~20 码	最大速度	3
4	7~9	20~25 码	最大速度	3
5	7~9	20~25 码	最大速度	3
6~9	7~9	25~30 码	穿负重背心最大速度	3~5

（3）阻力速度训练。阻力速度训练是通过加大跑动的阻力以提高下肢力量的训练形式。它包括上坡跑、拖重物跑（轮胎、降落伞）、沙地跑、水中跑等方法。

为了使加速跑阶段和高速跑阶段的水平速度达到最大限度，阻力训练的目标必须放在加大伸髋肌群的力量上面。阻力训练的另一个目标是减小脚每次着地时身体重心下降的幅度。短跑中脚着地阶段，身体重心不应下降过多。下肢各关节伸肌的力量越大，支撑阶段中身体重心下降的幅度越小。下肢关节的弯曲度越小，引起的伸肌伸张反射越强烈，从而使每一步后蹬阶段的力量越大。

下面介绍四种基本的阻力速度训练方法，分别是上坡跑、拖重物跑、沙地跑与水地跑、负重背心跑。

①上坡跑。

方法要点：身体前倾，核心收紧保持躯干稳定性，缩短步幅，加快步频，利用臀肌及大腿后侧肌群发力，前脚掌着地。

强度：高。

坡度：3~7度。

要求：跑动时保持正确的身体姿势和技术动作；跑动距离10米~50米；练习速度不要低于最大跑速的90%。

由于受训人员在上坡跑时要努力加大步长，所以加大了伸髋肌承受的负荷，因此，当受训人员在平地跑时，伸髋肌的能力得到增强。另外，受训人员在进行上坡跑时强调快速蹬地动作以克服上坡阻力，将有助于缩短蹬地时间。用大于7%的斜坡进行上坡跑训练，对于发展伸髋肌的力量是有益的，但在发展短跑项目的专项技术方面则效果差一些。

②拖重物跑。拖雪橇、轮胎、降落伞或其他重物进行快速跑是发展跑速的常用方法。其原理是增加跑动动作的阻力，要求受训人员加大肌肉收缩力量，特别是髋、膝、踝三个关节的伸肌群。

轮胎或雪橇的优点是容易变换尺寸（从而加大阻力）或者在轮胎内加入重物增加阻力；雪橇上也很容易将重物牢固地固定，使阻力加大。拖重物绳子的长度很关键，绳子长度一般不低于10米，因为，较短的绳子会影响被拖物的平稳性，当受训人员加速时使被拖物产生跳动。

降落伞的优点是容易被脱掉，使受训人员在没有额外阻力的情况下完成每次跑的最后阶段，让受训人员体会到加速的感觉。使用小降落伞的好处是便于携带、运输，并且可以很快地变换伞的大小。而使用降落伞的一个主要弊端是在跑的过程中，降落伞不是稳定地在受训人员的正后方，而是左右晃动（在有风的情况下晃动更大），这使受训人员很难以非常快的速度跑，因为受训人员在跑的过程中还要努力保持平衡。然而不稳定的特征对集体球类项目的运动有一定的好处，因为受训人员在快跑的同时还要躲闪对方的球员。

③沙地跑和水中跑。沙地和水中两种环境对增加跑动中受训人员受到的阻力是理想的，但它们都在加大步长（伸髋肌的利用）方面的作用有限。在这两种环境中跑时受到的阻力会使屈髋肌负担加大，而不是伸髋肌。水中跑速度训练时，水不宜太深，一般不高于腰，通过屈髋时水的阻力加大屈髋肌群的力量。水中跑耐力训练一般需要水比较深，与陆上跑相比，肌肉运动方式及运动范围相似，只是下肢伸肌动员较少，上肢肌肉动员较多，有助于保持最大摄氧量水平。沙滩跑是一种注重全身动作很好的练习方法，受训人员利用下肢伸展力量的能力

并非下降，而是通过缩短步长和加快屈髋速度来使步频加快，从而提高跑速。另外，沙滩跑特别是下肢、脚、髋关节的肌肉和关节都要求在不平稳的沙地上调整适应。这种适应提高和加强了身体稳定性对意想不到变化的控制能力。但需要注意的是，速度训练计划中，不要安排过多的沙滩跑练习。

④负重背心跑。负重背心跑是让受训人员穿上一定重量的背心，通过重量的增加提高腿部伸肌力量。穿负重背心训练增加的体重使脚每次着地时产生的垂直力加大，并增加肌肉完成超等长运动时承受的负荷强度，从而提高脚着地时肌肉的紧张度。这种训练将增进肌肉承受更大离心负荷的能力，在肌肉内储存更多的弹性能量，加大肌肉收缩产生的爆发力，促使步长的增加。

负重背心一般有三种：基础力量背心重量范围是 0.5 公斤~10 公斤，主要是发展受训人员力量耐力；速度耐力背心重量范围是 0.5 公斤~8 公斤，主要是发展速度耐力；速度背心重量范围是 0.5 公斤~4 公斤，发展灵敏、速度和爆发力。

负重背心跑注意负重量要渐进。背心的重量根据受训人员的个体特征，一般建议在 1 公斤~5 公斤范围内。负重跑首先不能破坏跑动技术，其次跑动速度下降不能超过最大速度的 10%，否则应当降低重量。

助力、阻力速度训练对教官的提示：

第一，助力速度训练必须保证受训人员的跑速不能太快（阻力不能太慢），一旦受训人员感觉由于速度过快（阻力太慢）而不能保持跑的正确技术，就应停止继续跑。注意每次练习的技术质量。

第二，阻力速度训练应作为一个全年进行的训练内容，如果将助力和阻力速度训练方法结合起来进行，则会得到更大的益处。

第三，负荷安排要循序渐进。与所有高强度训练方法一样，这种方法的运动量在开始时要小，循序渐进，主要的训练重点是受训人员要尽最大努力去跑，并且保持好的短跑技术。

第四，在开始训练前进行充分热身。

第五，助力速度训练在第一次练习后将会出现 1 天~2 天的肌肉酸痛，原因是助力速度训练能够动员以前没有动用的肌纤维。

4. 速度耐力训练。无氧代谢在任何练习开始时都会出现。它为机体提供快速的能源渠道，直到循环系统和呼吸系统的供能出现调整。所有低于 6 秒的快速跑，几乎完全依赖磷酸原供能系统。在接下来的 6 秒中机体开始以糖酵解供能系统供能。简言之，高强度的练习只有相当数量的 ATP、CP 和糖原供能，糖原最终被分解为丙酮酸和乳酸。

速度耐力训练就是要提高磷酸原供能系统和糖酵解供能系统。快速跑一般在缺氧的情况下进行，在这种情况下，骨骼肌只能维持较短的时间。当需氧量超过机体的吸氧量时，丙酮酸将进一步参与无氧代谢最终形成乳酸。这个过程只有在缺氧的情况下发生，产生能量（ATP）实现肌肉的持续收缩。大约 8 秒最大用力的快速跑将耗尽这些快速能源物质的储备。就在这一时刻（体能较差的运动员速度下降非常快），由于乳酸的堆积，运动员开始减速。提高乳酸的耐受性，增加能源物质的储备，提高快速能源物质的利用率，和无氧适应能力、年龄、营养等因素有关。

速度耐力训练可以预防运动员在比赛后期、长距离冲刺的后半程及较短比赛间歇的几次重复快速跑中速度下降。当中场队员被速度较慢的队员赶上，短跑运动员在后面的 10 米~20 米被对手超过，篮球运动中抢断上篮的运动员被防守队员打掉球时，速度耐力就发挥了重要作用。高水平速度耐力使运动员在每一次短距离冲刺时均保持充沛有力的起动。

速度耐力训练的目的是提高适合不同竞技需要的耐力。例如，所有的短跑项目都需要某种程度和形式的耐力，而对每种短跑距离而言，所需耐力的程度和形式都会有所变化。跑短距离的短跑运动员需要良好的非乳酸无氧耐力。改善这种耐力的方法有：①以 90% 的强度进行 4~8 次 80 米~150 米跑，每次休息 1~5 分钟；②以 90%~95% 的强度进行 50 米~80 米跑，每组 3~5 次，每次休息 2~4 分钟，进行 3~4 组。跑长距离（即 400 米）的短跑运动员需要良好的乳酸无氧耐力。改善这种耐力的方法有：①以 90% 的强度进行 1~3 次 150 米~500 米跑，每次休息 15~30 分钟；②以 80%~85% 的强度进行 100 米~600 米跑，重复 6~12 次，每次休息 3~6 分钟。

速度耐力训练包含在某一运动中冲刺距离、间歇时间两个基本运动表现。重复的次数和组数模仿运动中竞赛的情况。足球、曲棍球、橄榄球的典型的训练计划涉及跑动距离逐渐地从 10 码增加到 50 码，重复次数从 5 次增加到 15 次，慢跑恢复和休息的间歇时间从 20 秒降低到 5 秒。常见的方法为耐力金字塔训练法：①量出 50 米的距离，在起点摆放一个标志物，每间隔 10 米摆放 1 个标志物，共依次摆放 5 个标志物；②运动员从起点开始疾速跑 10 米，然后剩余 40 米步行；

③转身，疾速跑 20 米，步行 30 米；④转身，疾速跑 30 米，步行 20 米；⑤转身，疾速跑 40 米，步行 10 米；⑥转身，疾速跑 50 米，转身，疾速跑 50 米，回到起点；⑦完成所有上述跑，算为一组。休息 90 秒，再依次完成 4 组。

速度耐力训练一般不超过 2 次，在比赛期间将减少到每周 1 次。因为，速度耐力训练对运动员机体有着严格的要求，运动员必须进行 20 分钟~30 分钟的最大强度训练。间歇活动方式应该是积极性休息，如步行和慢跑。

速度耐力训练和速度训练或冲刺训练相似，然而，这两种训练有着重要的区别。速度耐力训练的持续时间应该在 30 秒，甚至 2 分钟~3 分钟，速度训练一般在 5 秒~10 秒。速度耐力训练的间歇时间一般较短，避免运动员的完全恢复。

二、跑动技术训练

跑动技术训练是速度训练不可忽视的主要部分。跑动技术是跑动的基本运动模式，这些练习直接影响跑动技术是否合理有效。

（一）坐姿摆臂练习

训练目的：通过避免与地面接触来强化正确的摆臂技术。

方法步骤：双腿伸直坐于地上，双臂垂于两侧并屈肘 90 度。前摆手时基本达到下巴高度，后摆手要到臀部以后。双臂保持屈肘 90 度前后摆动。

要求：随着速度的加快，臀部不要离开地面。

a　　　　　　　　　　　　　　　　　　b

图 4-40　坐姿摆臂练习（a、b）

（二）站姿摆臂练习

训练目的：强化正确的摆臂技术。

方法步骤：双脚平行站立，双臂垂于两侧，屈肘 90 度。前摆手时基本达到下巴高度，后摆手要摆到臀部以后。手指要放松。双臂保持屈肘 90 度，像一个整体一样前后摆动。

要求：在保持正确技术的基础上加快摆臂速度。

图 4-41　站姿摆臂练习

（三）小步跑

训练目的：增加脚步速度和踝关节的弹性。

方法步骤：采用很小的步长慢跑，强调脚掌的蹬地和踝关节的屈伸动作；以脚掌蹬离地面。

要求：脚部动作速度快速而落地轻；尽量减少脚掌与地面的接触时间。

a　　　　　　　　　　　　　　b

c

图 4-42　小步跑（a、b、c）

（四）原地高抬腿练习

训练目的：发展受训人员腿部伸肌肌群的快速力量和蹬离地面的动作速度。

方法步骤：受训人员膝关节在一个较高的位置上，脚下落着地再快速抬起。蹬伸 10 次为一组。

要求：用脚蹬离地面并迅速抬起，尽量减少脚与地面的接触，并尽力提高膝关节的高度。

图 4-43　原地高抬腿练习

（五）后踢跑

训练目的：提高脚的动作速度。

方法步骤：从慢跑开始，摆动腿、脚跟拍击臀部。膝关节在弯曲过程中向前、向上摆动。

要求：上体保持正直，可以根据受训人员能力适当加快步频。

图 4-44　后踢跑

（六）高抬腿折叠跑

训练目的：提高摆动腿折叠速度。

方法步骤：从慢跑开始。踝关节保持背屈，膝盖朝前，脚后跟向臀部上靠。切记，小腿不要往后撩，可以假想后面有一面墙。

要求：小腿不要后撩。

图 4-45　高抬腿折叠跑

第三节　耐力素质训练

一、耐力素质训练概述

（一）耐力的定义

耐力是指人在一段时间内完成一定强度工作的能力，是运动员的基本素质之一。在所有的体能组成因素中，耐力应该被优先发展。

耐力可分为两个基本类型，即有氧耐力和无氧耐力。有氧耐力是指肌肉工作过程中氧供应充足、代谢底物完全氧化后产生能量，从而持续运动的能力。无氧耐力是指机体在相对缺氧状态下，长时间对肌肉收缩供能的工作能力。

（二）耐力的影响因素

1. 有氧耐力的影响因素。

（1）最大有氧能力。最大摄氧量（VO2max）水平的高低与耐力项目的运动成绩之间密切相关，因而也被认为是反映人体有氧耐力的经典指标。它代表机体氧化能力的最高水平，不仅与心肺功能有关，而且与氧运输能力、肌肉（包括慢肌纤维和氧化型以及酵解型快肌纤维）摄取和利用氧的能力密切相关。

（2）乳酸阈。乳酸阈（Lactate Threshold，LT）指递增负荷运动过程中，乳酸水平达到一定浓度后，乳酸含量明显上升时的运动速度或 VO2max 百分比。乳酸阈越高，则运动员在较高的 VO2max 百分比强度下运动时，体内仍然以有氧代谢供能为主，肌肉和血液中没有乳酸的大量堆积，表明有氧工作能力较强。

（3）运动经济性。运动经济性（Exercise Economy，EE），也称跑步经济性（Running Economy，RE），主要是指在次极限负荷的特定速度下跑步，摄氧量达到稳定状态时每单位体重的耗氧量。运动经济性越好，在一定速度下的 VO2max 百分比越小，乳酸值越低，有氧耐力也就越好。

（4）能量利用方式。优秀的有氧耐力运动员在规定强度运动时脂肪供能的比例较高，即脂肪的利用率较高，这可以节约糖原的消耗。在长时间运动中，体内糖原贮备的多少与运动能力密切相关。

（5）肌纤维类型。I 型肌纤维百分比与有氧耐力项目成绩高度相关。高水平耐力性运动员骨骼肌中以 I 型肌纤维为主。I 型肌纤维线粒体密度和氧化酶的活性较高，单位时间内可以通过有氧代谢产生更多的能量。

（6）其他因素。运动时间长短、膳食、补液、对热和潮湿天气的适应程度都会影响到耐力运动员最终的决赛成绩。此外，年龄因素也非常重要。随着运动员年龄的增长，有氧耐力呈现下降趋势。

2. 无氧耐力的影响因素。

（1）能源物质储备。ATP-CP 的含量水平对 10 秒以内的短时间、高强度的运动表现至关重要。而糖原含量及其糖酵解活性是糖无氧酵解能力的物质基础。因而能源物质储备对无氧耐力具有重要的影响。

（2）代谢过程的调节能力及运动后恢复过程的代谢能力。代谢过程的调节能力包括参与代谢过程的酶活性、神经与激素对代谢的调节、内环境变化时酸碱平衡的调节，以及各器官活动的协调。糖酵解代谢产生的乳酸进入血液后，对血液 pH 值产生影响。因此，血液缓冲系统对酸性代谢产物的缓冲能力，以及组织、细胞尤其是脑细胞耐受酸性代谢产物刺激的能力都会成为影响糖酵解能力的因素。

（3）氧气亏。机体在剧烈运动过程中的需氧量超过摄氧量，肌肉通过无氧代谢产生能量造成体内氧的亏欠，称为氧气亏。在极限强度下持续运动 2 分钟 ~ 3 分钟时理论需氧量与实际耗氧量之差称为最大氧亏，这是衡量机体无氧供能能力的重要标志。

（三）有氧耐力训练

只有在运动强度和运动量适宜时，即在最大限度动用机体有氧代谢系统使其在最大应激状态下进行训练，才有可能有效地提高有氧运动能力。目前常用的发展有氧耐力的训练方法主要有持续训练法和间歇训练法。

1. 持续训练法。持续训练法（Continuous Training）通常用于提高运动员的基础耐力、VO2max 和组织呼吸能力。但其缺乏专项性，长时间以较慢的速度进行训练，不能发展比赛所需的速度和节奏能力，而且运动员可能会出现过劳性损伤。

持续训练法的主要练习手段有长时间慢速度的长距离训练、超长距离训练、法特莱克训练、无氧阈训练。

（1）长时间慢速度的长距离训练。长时间慢速度的长距离训练（Long Slow Distance Training，LSD）的强度大约相当于 70% VO2max ［或大约 80% 最大心率（HRmax）］，训练的距离超过比赛距离，或者训练时间至少持续 30 分钟~2 小时。该训练法的强度和持续时间是典型的"聊天式训练"（Conversation Exercise），运动员可以边聊天边进行训练，而没有呼吸的急促感觉。

LSD 的生理学效应在于能够提高心血管与体温调节的功能、改善线粒体产生能量与骨骼肌的氧化能力，提高脂肪供能的利用率、促进肌肉代谢特征的适应性变化，以及肌纤维类型由 II 型向 I 型的转换。这些适应性变化可能会通过提高机体清除乳酸的能力来改善乳酸阈强度。

但是，长期采用 LSD 训练会引起运动肌肉代谢性质的变化，以及肌纤维类型从 IIx 型向 I 型的转变。此外，如果过度采用训练方法，由于强度低于比赛，LSD 训练时没有刺激到肌纤维在比赛时的神经模式，训练所产生的适应性结果无法在比赛中发挥作用。

（2）超长距离训练。超长距离训练（Overdistance Training）强度非常小，大约为乳酸阈的 65%~84%、55%~65% VO2max，或 60%~70% HRmax。通常运用于恢复性训练。此外，该训练方法也适用于 800 米~5000 米的中长跑运动员，通常以 2~5 倍的比赛距离进行练习。但是对马拉松运动员而言具有难度。

（3）法特莱克训练。长期以来，法特莱克训练（Fartlek Training）是耐力训练的一个主要方法，该训练组织形式比较宽松，通常是进行越野跑。运动方式在有一定强度的快跑和恢复性慢跑之间交替进行，包括多个在斜坡上的轻松跑（70% VO2max 强度）和短时间快速冲刺（85%~90% VO2max 强度）。如先以慢跑的方式爬小山，然后全速奔跑，慢跑减速，以比赛的速度跑几分钟，等等。法特莱克训练法也可用于自行车和游泳项目。

法特莱克训练法的训练效益在于提高 VO2max 和乳酸阈，改善运动经济性和能量的利用率。而且它不会让运动员感到在田径场绕圈跑的枯燥无味，也可以避免在硬场地进行大强度训练出现损伤的危险性。此外，越野跑时路面凹凸不平，因此能够以运动专项的方式发展跑步所需的踝关节和胫骨部位承受应力的能力。

法特莱克训练法也有一定的弊端，它难以规定训练时的具体心率和运动强度，组织形式过于松散，运动员是以"感觉和个人喜好"的方式进行训练。因此，法特莱克训练法的内容应该根据运动专项的特点进行设计。

（4）无氧阈训练。无氧阈训练通常通过测定无氧阈对应的强度，如心率、功率，并以此强度的95%~105%进行持续训练，训练的时间为20分钟~30分钟，重复组数视运动项目的需要，通常每周训练2次，每周训练负荷量的递增不超过10%，以避免过度训练综合征的发生。

2. 间歇训练法。虽然持续训练法能够很好地提高运动员的基础耐力，但对发展无氧代谢能力、提高 VO2max 和比赛速度能力不具有优势。而间歇训练法（Interval Training）能够很好地解决这些问题。因此在当前，间歇训练法被认为是提高耐力水平的最好方法，即使是对马拉松或是其他有氧代谢运动项目的运动员来说，短时间高强度的间歇训练也是提高耐力的上佳方法。

对训练有素的高水平耐力运动员，提高其训练量的方法已经不能提高其成绩，也不能使 VO2max、骨骼肌氧化酶的活性等与有氧耐力密切相关的生理学参数明显改善。只有采用高强度间歇训练（High-intensity Interval Training，HIIT）才能够继续提高训练有素的高水平耐力运动员的比赛成绩。高强度有氧训练（High Intensity Aerobic Training）对提高运动员 VO2max 和乳酸阈的作用，显著好于中等强度和小强度的耐力训练，其主要原因可能是 HIIT 提高了肌肉的缓冲能力，而不是提高了肌肉氧化酶和糖酵解酶的活性。

间歇训练法是要求多次力竭性的运动，合理有效的间歇训练能够提高单位时间内身体的整体工作能力。以间歇训练法进行有氧耐力的训练，训练方案需要考虑的因素有单次运动量、强度、间歇时间、重复次数和重复组数。

间歇训练法的强度接近VO2max，练习持续时间可短至30秒，也可以长达3分钟~5分钟。在每次练习的间歇时间内，进行轻微的活动（如走动），次数和组数取决于训练的目的和体能水平。此训练方法的优点是能够以比赛的速度进行训练，增加VO2max和提高无氧代谢能力。间歇训练法要求运动员以接近VO2max的强度进行训练，对运动员刺激较大，应该慎重实施。而且，这种训练方法要求运动员事先具备坚实的有氧训练基础。

（1）无氧阈强度间歇性训练。此训练也可采用间歇性训练的方法。这也需要测定无氧阈对应的强度，如心率、功率，以此强度的95%~105%练习10分钟，重复3~5组，组间间歇2分钟~3分钟。通常每周训练2次，每周训练负荷量的递增不超过10%，以避免过度训练综合征的发生。

（2）最大有氧速度训练。以最大有氧速度（Maximal Aerobic Speed，MAS）测定结果（测试方法见后文"耐力测试"部分）为强度参数的间歇训练法主要有三种：最大有氧训练法（Maximal Aerobic Method，MAM）、EuroFit 训练法（EuroFit Method）和 Tabata 训练法（Tabata Method）。从系统性训练考虑，每个训练方法分为三个训练阶段，每个阶段为期2周~3周，然后重复测定 MAS 后进入下一个训练阶段。表4-9为 MAS 训练方法及其负荷结构。

表4-9　MAS训练方法及其负荷结构

	最大有氧训练法	EuroFit 训练法	Tabata 训练法
运动	100% ~ 110% MAS × 15秒~30秒	120%MAS×15秒	120%~140% MAS×20秒
间歇	50% ~ 70% MAS×15秒~30秒（积极性恢复）	15秒（消极性恢复）	10秒（消极性恢复）
运动与间歇比值	1：1	1：1	2：1
持续时间	5分钟→8分钟→10分钟	5分钟→8分钟→10分钟	5分钟→6分钟→8分钟

	最大有氧训练法	EuroFit 训练法	Tabata 训练法
重复组数	1~2	1~2	2~5
训练周期	2 周~3 周	2 周~3 周	2 周~3 周

（四）无氧耐力训练

1. 发展 ATP-CP 供能系统的训练方法。从能量系统来看，快速运动能力和爆发力要求提高磷酸原（ATP-CP）的储备和代谢过程，而不是过多动用肌糖原产生乳酸的糖酵解代谢过程。在进行训练时，要使 ATP-CP 达到最大的消耗，而肌肉中乳酸的生产速率很低，血乳酸基本维持在安静值范围或略高于安静值。这种训练方法就是无氧-低乳酸训练法。在超极量强度运动 10 秒时，肌肉中被消耗的能源物质主要是 ATP 和 CP，CP 消耗量可达贮存量的 90% 以上。所以，无氧-低乳酸训练法的最适宜负荷时间为 10 秒以内，重复训练的间歇时间应该基于使 ATP 和 CP 基本恢复，在下一次练习时能再利用 ATP 和 CP 供能，从而不断刺激 ATP 和 CP 供能系统而提高其代谢能力。这种训练方法的负荷结构见表 4-10。

表 4-10　ATP-CP 供能系统训练的负荷结构

训练目的	训练方法	负荷结构			监控参数
		运动时间	运动强度	间歇时间	
提高快速运动能力	无氧-低乳酸训练法	≤10 秒	超极量负荷	≥30 秒	血乳酸≤3mmol/L

注：练习重复次数以血乳酸不超过 3mmol/L 的训练次数为度。

2. 糖酵解供能系统的训练方法。一般而言，最大强度运动在 30 秒~15 分钟之间，糖酵解供能系统起主导或重要作用，提高糖酵解供能系统能力的最有效方法是高强度持续运动，保证运动中主要由糖酵解供能，运动机体内有明显的乳酸积累。另外，发展糖酵解系统的能力要求反复刺激机体以维持所需的乳酸值，而不是血乳酸达到目标值后就停止该项练习。这一点对于以高强度、间歇性为特征的球类项目尤为重要。因此，糖酵解供能系统的训练方法分为两种类型，即乳酸生成训练和乳酸耐受训练，其负荷结构见表 4-11。

表 4-11　糖酵解供能系统训练的负荷结构

	强度	持续时间	练习与间歇比值	重复次数
乳酸生成训练	70%~100%	10秒~40秒	1：5	2~10
乳酸耐受训练	45%~100%	10秒~90秒	1：1~1：3	2~10

二、耐力训练的基本要求及测试

（一）耐力训练的一般要求

1. 加深呼吸深度。练习者在训练中应该培养以加深呼吸深度为主要方式的供氧能力。同时，还要注意呼吸节奏与动作节奏配合的一致性。

2. 以有氧耐力为基础。无氧耐力的提高是建立在有氧耐力发展的基础上的，这是因为通过有氧耐力的训练，能够促进心脏容积的增大，从而提高每搏输出量，为无氧耐力发展奠定基础。所以在进行无氧耐力训练之前或同时，应当适当安排有氧耐力的训练。

3. 注重专项特点。不同项目对耐力素质的要求不同，在训练时必须根据项目的特点和需要，选择合适的训练内容、方法和手段，以取得理想的结果。

4. 有意识地培养意志品质。意志品质在耐力训练和耐力素质的提高中起到十分重要的作用。因此，在耐力训练中既要注意练习者承受的生理负荷，同时又要重视对意志品质的培养。

5. 适当控制体重。人体肌肉中脂肪过多，会增加肌肉阻力，摄氧量的相对值也会因体重的增加而下降。体重的增加还会造成能量消耗的增加，影响耐力素质的发展。因此，提高耐力素质需要适当控制体重。

6. 正确的饮食结构。耐力项目运动员除了需要摄入必要的营养物质保持健康外，还必须摄取充足的能量以满足训练和恢复的需要。因此，正确的饮食结构的要点包括：高碳水化合物、低脂肪、足够的蛋白质、大量的纤维素、低盐、足够的维生素和矿物质以及多饮水等。

（二）耐力测试

1. 有氧耐力测试。

（1）Cooper 12 分钟跑。根据运动员 12 分钟的跑动距离，换算为 VO2max，评价其耐力水平。

换算公式为：$VO2max = (22.351 \times km) - 11.288$

Cooper 12 分钟跑成绩的参考性评价标准见下表 4-12、表 4-13。

表 4-12　男子 12 分钟跑成绩的参考性评价标准

等级 年龄	优秀	中上	平均	中下	差
20~29 岁	> 2800 米	2400 米~2800 米	2200 米~2399 米	1600 米~2199 米	< 1600 米
30~39 岁	> 2700 米	2300 米~2700 米	1900 米~2299 米	1500 米~1999 米	< 1500 米
40~49 岁	> 2500 米	2100 米~2500 米	1700 米~2099 米	1400 米~1699 米	< 1400 米
>50 岁	> 2400 米	2000 米~2400 米	1600 米~1999 米	1300 米~1599 米	< 1300 米

表 4-13　女子 12 分钟跑成绩的参考性评价标准

等级 年龄	优秀	中上	平均	中下	差
20~29 岁	> 2700 米	2200 米~2700 米	1800 米~2199 米	1500 米~1799 米	< 1500 米
30~39 岁	> 2500 米	2000 米~2500 米	1700 米~1999 米	1400 米~1699 米	< 1400 米
40~49 岁	> 2300 米	1900 米~2300 米	1500 米~1899 米	1200 米~1499 米	< 1200 米
>50 岁	> 2200 米	1700 米~2200 米	1400 米~1699 米	1100 米~1399 米	< 1100 米

（2）Yo-Yo 测试。运动员在距离为 20 米的两个标志物之间，以不断增加的跑速进行折返跑。不断增加的跑速由音频上的信号来控制，队员应在测试中完成尽可能多的折返跑。当队员第一次未在规定时间内到达终点或犯规时，将会被警告一次；第二次未在规定时间内到达终点或犯规时，就会被取消测试资格。

Yo-Yo 测试包括三种测试方案：①Yo-Yo 耐力测试（Yo-Yo Endurance Test）：每两次折返跑之间没有间歇，主要用于评价运动员长时间持续运动的能力；②Yo-Yo 间歇耐力测试（Yo-Yo Intermittent Endurance Test）：每两次折返跑之间的间歇时间为 5 秒，主要用于评价运动员在长时间间歇运动后反复进行大强度运动的能力；③Yo-Yo 间歇恢复测试（Yo-Yo Intermittent Recovery Test）：每两次折返跑之间的间歇时间为 10 秒，主要用于评价运动员在每次大强度运动后的恢复能力，尤其适用于间歇恢复后从事大强度运动的能力对比赛结果具有重要影响的项目，如羽毛球、橄榄球、冰球等。

每种测试方案都包括两个水平，即水平 1 和水平 2。水平 1 主要适用于评价未经过训练的个人或者未经过良好训练的运动员，如普通人群、青少年运动员、女子运动员。水平 2 主要适用于评价经过良好训练的运动员或者职业运动员，如男子运动员、优秀女子运动员。水平 1 与水平 2 的不同之处在于在水平 2 测试方法中每次折返跑的时间比水平 1 更短，要求运动员跑速更快，强度更高。

三种 Yo-Yo 测试的级别及相应的折返跑次数详见下表 4-14。

表 4-14　Yo-Yo 测试的级别及其相应的折返跑次数

Yo-Yo 耐力测试				Yo-Yo 间歇耐力测试				Yo-Yo 间歇恢复测试			
水平 1		水平 2		水平 1		水平 2		水平 1		水平 2	
次数	级别	次数	级别	次数	级别	次数	级别	次数	级别	次数	级别
7	1	10	8	2	1	2	8	1	5	1	11
8	2	11	9	2	3	2	10	1	9	1	15
8	3	11	10	2	5	2	12	2	11	2	17
8	4	11	11	8	6	8	13	3	12	3	18
9	5	12	12	8	6.5	8	13.5	4	13	4	19
9	6	12	13	8	7	8	14	8	14	8	20
10	7	13	14	3	7.5	3	14.5	8	15	8	21
10	8	13	15	3	8	3	15	8	16	8	22
11	9	13	16	6	8.5	6	15.5	8	17	8	23
11	10	14	17	6	9	6	16	8	18	8	24
11	11	14	18	6	9.5	6	16.5	8	19	8	25
12	12	15	19	6	10	6	17	8	20	8	26
12	13	15	20	6	10.5	6	17.5	8	21		
13	14	16	21	6	11	6	18	8	22		
13	15			6	11.5	6	18.5	8	23		
13	16			6	12	6	19				

Yo-Yo 耐力测试			Yo-Yo 间歇耐力测试				Yo-Yo 间歇恢复测试	
14	17		6	12.5	6	19.5		
14	18		6	13	6	20		
15	19		6	13.5	6	20.5		
15	20		6	14	6	21		

（3）最大有氧速度（MAS）测试。Daniels 于 1984 年提出"最大摄氧量速度"（Velocity Associated with VO2max，vVO2max）的概念，并认为这是一个整合了 VO2max 和运动经济性参数的指标。由于递增负荷跑台运动实验是检测 vVO2max 的最方便的方法，因而 vVO2max 通常被定义为在递增负荷跑台运动实验中达到 VO2max 水平时的实际跑速。

最大摄氧量速度也被称为最大有氧速度（MAS），它不仅反映可使用的氧气量，同时也代表运用氧气的效率。

其具体测定方法是：在一个标准的 400 米田径场，允许有风的情况下，进行至少 20 分钟的充分热身，受试者进行 5 分钟或者 6 分钟全力跑，采用 GPS 技术记录下所跑的距离（米）。将记录的距离除以用秒表示的时间，就可以得到 MAS。通常每隔 6 周~8 周重新测试一次，以确定新的水平。

从简便易行考虑，运动队通常采用 1500 米~2000 米计时跑的方法。测试时，一定要保证运动员以 100% 最大努力程度进行，这样才能保证测试的准确性。采用 MAS（米/秒）＝距离（米）/时间（秒）进行计算。如某运动员跑 1200 米的时间为 5 分钟，则其 MAS＝1200 米/300 秒＝4 米/秒。

2. 无氧耐力测试。

（1）7×30 米冲刺测试。如图 4-46 所示，运动员从起点开始按照图中所示快速冲刺到终点，然后用 25 秒的时间恢复体力并返回到起点继续重复完成冲刺跑的任务。记录整个测试的用时、每次冲刺的成绩，找出最好成绩和最差成绩，计算出冲刺的平均成绩和疲劳时间；疲劳时间为最快时间（通常是第一或第二次冲刺跑）和最慢时间（通常是第六或第七次冲刺跑）二者之间的百分率。

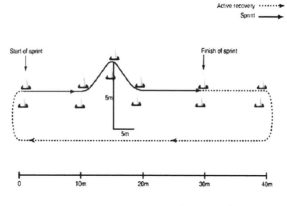

图 4-46   7×30 米冲刺测试

（2）300 码折返跑。如图 4-47 所示，在平整的场地上放置两个标志桶，相距 25 码，运动员一只脚在起跑线上准备起跑，当看到计时员的指示后，运动员开始向 25 码距离的另一侧跑，脚接触到该标志桶后，转身返回到起点，继续循环；如此往返跑 6 次，中间无间歇。休息 5 分钟后，再次重复测试。

图 4-47   300 码折返跑

第四节   柔韧素质训练

一、柔韧素质训练概述

（一）柔韧性的定义

柔韧性是指人体关节活动幅度的大小以及跨过关节的韧带、肌腱、肌肉、皮肤及其他组织的弹性和牵拉能力。运动幅度（Range of Motion，简称 ROM）和肌肉长度、关节角度、力、力矩变化的比例只是衡量柔韧性的指标，其中 ROM 是最常用的指标。其中，阻碍身体各关节运动的最主要作用力与软组织（肌肉）的弹性有关，如果通过牵拉练习来改善肌肉的柔韧性，那么关节的运动幅度就能被提高。

（二）柔韧性的作用

1. 对技术的掌握和提高有促进作用。柔韧性保证专项技术动作的完成，使技术动作显得轻巧灵活，更加协调和准确。提高关节的灵活性，增加动作的协调优美感，可获得最佳的机能水平。如竞技体操、艺术体操、跳水等项目，不仅对肩、腰、胸、胯、腿有较高的柔韧要求，甚至对脚面的柔韧也有较高的要求。以上项目因专项技术的需要，对全身各关节的柔韧性要求都很高。由此可以看出，柔韧性对各项运动技术的掌握和发挥具有重要的作用。身体柔韧性的提高有助于完成复杂的技巧，特别是灵敏性起决定作用的技巧。对短跑运动员来说，膝、髋关节的柔韧性，不仅影响正确跑步时的动作幅度，还会影响步长和步频。如果缺乏柔韧性，身体环节的运动就会受到限制。如由于大腿后侧肌群的柔韧性差，而使动作受限时，往往在身体的其他部分，如腰部会产生一种补偿动作，这种补偿动作无论从短期或长远着眼都是有害的。运动员应该提高全面的柔韧性，使身体的各个部分在运动时都不需要相邻环节代偿来改变技术或动作，做到各司其职。

2. 有利于力量和速度的发挥。如果关节（踝关节、髋关节、肩关节）周围的柔韧性得到改善，那么身体各部位活动的幅度加大，根据加速度的原理，这样就能产生更大的力量和速度。快速的运动需要具备力量和协调性，而良好的柔韧性能提高这种能力，使训练者更好地控制身体的运动。

过去的观点一直认为力量的发展会影响柔韧性。这种观点是不全面的。如果肌肉力量的提高与肌肉柔韧性发展之间达到平衡，那么关节周围运动幅度就不会受到损失。运动员只要遵循柔韧性练习的原则，那么力量训练所导致的肌肉肥大（肌肉体积增加）绝不会限制关节的活动。因此在训练中，首先要做到整个肌肉或肌群必须工作于整个运动范围；其次，重点在负功时相且要循序渐进。大幅度的力量训练在一定程度上可以改善柔韧性。

3. 防止、减少运动损伤的发生。身体内的结缔组织如韧带或肌腱，如果经常让它们缩短，它们会变得更短；相反的，经常给予拉长，它们将变得更长。肌腱和韧带过紧会妨碍肌肉和关节的活动范围，运动无法流畅地进行，运动能力就会受到影响。如果此时过快过大地进行了与组织牵拉能力不相符的运动，那么此块组织就会产生损伤，严重的会导致撕裂。这一点在热身及肌肉或韧带损伤方面的预防具有重大意义。

在运动开始前，一系列提高柔韧性的牵拉训练能帮助运动员提高体能和速度，缩短肌肉恢复时间，提高肌肉紧张度。为热身而进行的牵拉运动能使运动员在生理和心理上做好准备。激烈运动后进行牵拉运动，能减轻肌肉酸痛和痉挛。因为牵拉不但可以配合训练，也可以减少由于训练对周围软组织可能造成的不良影响，促进运动后身体的恢复。而长期系统的牵拉练习，可以大大减少肌肉拉伤、肌腱扭伤或肌肉疲劳引起的其他损伤。例如，运动员经常遇到的腰背痛，是由于大腿、骨盆和背部肌肉过紧造成的。

4. 促进身体适应，保持姿态和对称性。为了发展身体的对称性和良好的姿态，通过把个体化的柔韧性计划结合进总体的健身计划，不仅可以促进健康和适应性，而且能改进身体的外观。例如，圆肩可能与胸肌的柔韧性不好以及肩带内收肌群力量不足（即菱形肌和斜方肌中部）有关，这种情况通过拉长已经短缩的结缔组织和肌肉，以及通过增强薄弱肌肉的力量来改善。

（三）影响柔韧性的因素

影响柔韧性的因素有很多，有些因素不能通过训练来改善提高，如关节结构、年龄、性别等，而其他因素则可以通过训练来改善，比如体内温度、肌肉等结缔组织延展性等。

1. 关节结构。限制关节活动范围的主要因素就是关节本身，不同的关节由于其解剖特点不同，活动范围也不同。比如，肘关节只能做屈曲运动，其活动范围明显小于肩关节，与肩关节所承担的功能作用也不同。因此，通过一项柔韧性测试来反映全身的柔韧性是不科学的。

2. 肌肉和结缔组织。关节周围附着的结缔组织，包括韧带、关节囊、肌腱、筋膜、腱鞘等，是影响关节活动范围的重要因素。松弛状态下的肌肉能被拉长到自身长度，而韧带、筋膜等结缔组织的延展能力要比肌肉差。要增大关节的活动度，首先要使结缔组织产生适应。结缔组织的主要成分是胶原纤维和弹力纤维，后者比例大，组织延展性较好。

3. 年龄。儿童的柔韧性通常都比较好，随着年龄的增长，人体柔韧性逐渐下降，这是肌肉柔韧性下降的结果。所以，儿童时期是进行柔韧性训练的最佳时期，这个阶段应针对全身各个关节进行系统的柔韧训练。而进入成年以后，人的骨骼、肌肉、韧带等发育基本趋于成熟，就会给柔韧性练习带来困难。

4. 性别。女性的柔韧性通常好于男性，这种差异会从儿童一直延续到成人阶段。

5. 温度。关节活动范围会受到体内温度和环境温度的影响。这是由于温度升高可以降低肌肉的粘滞性，从而减少牵拉时的阻力。因此，在寒冷天气下进行赛前热身练习可以有效提高柔韧性，提高运动能力并预防损伤。

6. 时间周期。柔韧性在一天之中不是一成不变的，也会随时间发生变化。柔韧性提高最有效的时间段是在上午 8 点到 12 点之间。因此我们在进行柔韧性测试对比时，应将受试者放在一天中的同一时间段内进行。

7. 力量训练。不恰当的力量训练，如练习力量过大，练习活动范围过小或者练习后没有注意恢复等都会降低柔韧性。肌肉变得过于发达而失去弹性，限制了关节的活动范围。因此，精心设计力量练习动作对柔韧性的发展也至关重要。

(四) 柔韧性的练习分类

按照拉伸的方式划分，牵拉练习存在三种主要类型：动态、静态及 PNF 牵拉练习。拉伸需要运动员使相应关节运动到活动范围受阻的位置，在这个位置施加一定的力进行拉伸运动。弹振式拉伸通常用于运动前的热身，但由于组织适应不充分、损伤导致疼痛、引起牵张反射、神经生理适应不充分、粘滞的增加等因素，可能会伤害肌肉或韧带，故近年来已经越来越少采用。

1. 静态牵拉。静态牵拉是在一定时间内，局限在一定活动范围内缓慢牵拉的活动。静态牵拉的主要特征是动作缓慢。固定的时间应大于 6 秒，以便使高尔基腱器官出现一定的反应。然后，肌肉可以在不超过牵拉极限（即不出现肌纤维和结缔组织损伤）的情况下，较轻松地进行牵拉。当肌肉被牵拉，并保持不再感到有张力时，肌肉可以进一步地被牵拉，促使它出现反牵张反射。而牵拉的时间不超过 30 秒，研究显示增加时间并不能明显增加牵拉的效果。静态牵拉的力度应达到有一定酸、胀、痛的感觉，有轻微不适而不是痛苦感。牵拉时要保持正常呼吸，不要憋气。短时间的静态拉伸可以降低肌电活动，进而使得拉伸更容易。较小的肌电信号表明肌肉的放松，因而使拉伸时的阻力小、潜力大，理由是静态拉伸可以使牵张反射的影响最小化。静态拉伸比弹射式拉伸所消耗的能量更少，所以静态拉伸可以减少肌肉疼痛。

　　静态牵拉有两种形式，即主动牵拉和被动牵拉两种形式。主动牵拉要求受训人员自己完成牵拉练习，并保持一段时间。被动牵拉是指受训人员借助外力，或者在别人的帮助下来完成静态牵拉。静态牵拉一般维持牵拉姿势停留 20 秒~30 秒，重复 2~3 次达到最佳效果。

　　静态牵拉能够有效提高关节活动度，降低肌肉紧张，改善姿态，加速局部血液循环，降低迟发性肌肉酸痛的程度。但进行大量的静态牵拉由于其放松肌肉的效果可能会对爆发力、反应时等产生不良影响，因此一般不建议在比赛前使用。当然，如果因运动损伤及肌肉紧张等导致关节活动范围不足，进而影响技术动作的时候，可以在运动前进行适度静态牵拉来增加关节活动范围，避免损伤并提高动作质量。当然，此时最好补充一些动态活动来消除静态牵拉的不良反应。

　　2. 动态牵拉。动态牵拉是指有节奏的、速度较快的、幅度逐渐加大的重复一个动作的拉伸。动态牵拉通常由一整套大幅度的动作组成，比静态牵拉运动强度要大，可为训练或比赛做准备。动态牵拉能够刺激某些特殊关节神经系统活动，使这些肌肉和关节为接下来的剧烈运动做好准备。动态牵拉的目的是通过与专项运动相关的动作来增加肢体活动范围，可以说是介于静态牵拉和竞技运动之间的过渡阶段。通过动态牵拉练习，可以预防运动损伤，提高运动能力。动态牵拉包括两种形式：一是常规练习，二是特定项目的速度和移动练习。

　　研究表明，运动员通过动态牵拉练习，可以提高爆发力，进而使冲刺跑和跳跃的能力提高。动态牵拉可以提高肌肉的动态柔韧性，采用与运动项目相似的练习动作，可以激活即将动员的肌肉，增加血流量，提高温度，有助于运动的进行。如果动态牵拉练习范围过大、速度过快，可引起肌肉牵张反射，肌纤维被暂时拉长。过度牵拉肌纤维，就会导致肌纤维受损，造成肌肉弹性丧失。因此，在设计和实施动态牵拉时，采用渐进速度的方法更好。运动员从慢速、小幅度运动开始，然后到慢速极限幅度运动、快速小幅度运动，最后到快速极限幅度运动。所控因素根据运动员的反应来确定，没有其他人所施加的外力。

　　另外区别于传统的弹振式拉伸，现在更多的是运用渐进动态牵拉，指一个身体姿势逐渐活动到另一个姿势然后平稳地回到原来位置，动作到位后往往需要适度控制 2 秒~3 秒，避免反弹并结合运动特殊性的移动模式。整个动作应平稳且受控，逐渐增加活动幅度，使肌肉逐渐到达活动范围的极限。牵拉动作的设计与专项运动的动作相似，对激活相关肌群有一定作用，并可以持续增加关节活动范围。

3. PNF 牵拉。PNF 牵拉全称是本体感觉神经肌肉促进术，是 Proprioceptive Neuromuscular Facilitation Stretch 的缩写与简称，是利用本体感觉、皮肤和听觉的神经传入来改善运动传出神经支配功能的一种牵拉方法，起源于物理治疗领域，通过激活和募集最大数量的运动单位参与活动，同时激发其潜力来促进神经肌肉功能恢复，是多种运动损伤康复的重要组成部分。

PNF 牵拉是强调多关节、多肌群参与的整体运动，而不是单一肌肉的活动，增强了关节的运动性、稳定性、控制能力以及完成复合动作的技巧，同时利用了运动感觉、姿势感觉等刺激增强有关神经肌肉反应，促进相应肌肉收缩。其特征是肢体和躯干的对角线和螺旋形主动、被动、抗阻力运动，并主张通过手的接触、语言口令、视觉引导来影响运动模式。其牵拉原则是按照正常的运动发展顺序，运用适当的感觉信息刺激本体感受器，使某些特定的运动模式中的肌群发生收缩，促进功能性运动产生。PNF 牵拉可用于增强肌肉力量、增加柔韧性以及改善神经肌肉系统的协调反应，其主要机制是牵张反射。由于通过这种方法的练习能改善特定肌肉的功能和提高关节的柔韧性，在竞技体育中，一直用于增加肌肉柔韧性，是被动牵拉运动的一种高级形式。

PNF 技术在康复中主要用于增强肌肉力量和加大关节的运动幅度。常用的有以下三种形式：

收缩—放松技术，肢体被动运动至出现抵抗，此时受训人员等张收缩拮抗肌。持续 10 秒，重复 2~3 次。

静持—放松技术，与收缩放松技术类似，不同的是采用等长收缩。受训人员将损伤肢体运动到抵抗点后，肌肉抗阻等长收缩持续 10 秒。然后受训人员放松肌肉 10 秒，这时运动的肢体可主动或被动移动到一个最大限度，重复 2~3 次。

慢速—往返—静持—放松，受训人员主动运动肢体到抵抗点，肌肉抗阻等长收缩持续 10 秒，然后放松 10 秒。这种练习可以使运动肌收缩时放松对抗肌，从而使肢体运动达到一个最大限度。

PNF 牵拉既可以作为一般性柔韧性练习手段，又可以作为专门性柔韧性练习手段，是目前比较好的练习方法。其是一种高级的静态牵拉，因此运用在训练比赛前的效果还需要进一步观察研究。此外，运用此技术需要两个人配合，熟练后才能取得最佳效果。

二、柔韧性基本练习

开始练习之前，通常进行短时间的慢跑，充分做好准备活动，提高牵拉肌肉群的血流量。如果牵拉练习之前准备活动不充分，再加上气温低及不恰当的拉伸方法，容易造成损伤。日常牵拉计划要与训练比赛的安排相符，牵拉的部位要满足运动的需要，牵拉练习的类型也要与运动内容相匹配。练习通常从身体中心开始，即背部、臀部和大腿后肌群，这些大肌群能够影响到其他部位，并且有利于较小肌群的进一步拉伸。

（一）静态牵拉

在开始静态牵拉练习之前，需要记住一些牵拉技术的基本原则：

范围：各主要肌肉群。

顺序：下肢-躯干-肩臂-颈。

次数：1~2 次/天，2~3 组/次。

方式：静态牵拉，放松肌肉。

强度：最大强度的 30%~40%，无痛牵拉。

持续时间：20 秒~30 秒。

下面介绍的是常用的自主牵拉动作。

1. 跪姿髂腰肌牵拉。

动作目的：放松髂腰肌，增加伸髋活动范围。

动作步骤：如图 4-48，左足向前跨一步，右膝跪地，右手放于臀部向前发力，收腹向前挺髋，直到感觉大腿与腹部结合处的前侧有拉紧的感觉，保持 20 秒~30 秒，换另一侧。

指导要点：注意收腹，骨盆保持在中立位没有旋转，前膝关节不超过足尖，身体保持中正直立位，没有前倾。

图 4-48　跪姿髂腰肌牵拉

2. 侧卧股四头肌牵拉。

动作目的：放松股四头肌，增加伸髋活动范围。

动作步骤：如图 4-49，身体侧卧，右腿在上，屈膝，右手握住脚踝，将大腿往后向臀部拉伸，至大腿前部股四头肌感受到明显牵拉感。

指导要点：注意收腹，骨盆保持在中立位没有旋转，右腿与地面平行。

　　　　　a　　　　　　　　　　　　　　　　　b

图 4-49　侧卧股四头肌牵拉（a、b）

3. 跪姿臀部肌群牵拉。

动作目的：放松臀部肌肉群，增加屈髋活动范围。

动作步骤：如图 4-50，前腿屈曲盘旋内收贴地，后腿外展后展贴地，身体分别向内、前、外倾斜，分别牵拉臀部肌肉的内侧、中部、外侧部。

指导要点：注意挺胸以保持脊柱的平直，尽力屈髋而不是弓背。

图 4-50　跪姿臀部肌群牵拉

4. 坐位髋内收肌群牵拉。

动作目的：放松髋内收肌群，增加髋外展活动范围。

动作步骤：如图 4-51，坐位盘腿，双足相对，双肘抵住双膝，俯身前压。

指导要点：保持挺胸姿势俯身前压，以腹部靠近足部，感受大腿内侧肌群牵拉感。

图 4-51　坐位髋内收肌群牵拉

5. 俯卧位腹部肌肉牵拉。

动作目的：放松腹部肌肉，增加躯干伸展与旋转活动幅度。

动作步骤：如图 4-52，俯卧位，双手撑地，双臂伸直，抬起躯干上部，感受到腹部肌肉牵拉感（分别在骨盆平行地面和垂直地面两个体位下完成）。

指导要点：注意在保持脊柱中立位（没有侧偏）下开始伸展；一旦牵拉过程出现下腰部不适则立即停止，腰部损伤者不宜进行此牵拉。

图 4-52　俯卧位腹部肌肉牵拉

6. 大腿后侧肌肉群牵拉。

动作目的：放松股后肌群。

动作步骤：如图 4-53，坐位，牵拉侧腿伸直，另一腿置于体侧，双手抱单足身体前倾，感受到大腿后肌肉牵拉感。双腿交替完成。

指导要点：为增加单腿牵拉效果可屈曲非牵拉侧膝关节；尽力挺胸，腹部下压，以增加牵拉强度；如弓背完成此动作则会同步牵拉背部，但是会减少股后肌群牵拉幅度（图示为下背与股后肌群同步牵拉）。

图 4-53　大腿后侧肌肉群牵拉

7. 小腿后肌肉群牵拉。

动作目的：放松小腿后群肌肉，增加踝背屈活动范围。

动作步骤：如图 4-54，俯身，双手与单足支撑，动作完成后感受到小腿后部肌肉有牵拉感。

指导要点：保持足跟贴地，可分别在膝关节伸直和略屈曲位完成此动作，分别牵拉放松跨膝关节的腓肠肌和不跨膝关节的比目鱼肌。

图 4-54　小腿后肌肉群牵拉

8. 俯卧躯干旋转肌群牵拉。

动作目的：放松躯干旋转肌群，包括腹部内外斜肌、脊柱周围小肌肉群；增加躯干旋转活动范围。

动作步骤：如图 4-55，俯卧位，双臂展开平贴地面，转髋屈膝外展，后伸一侧腿向另外一侧手臂方向主动拉伸，感受到腹部肌肉与脊柱周围牵拉感。

指导要点：注意尽力保持双臂伸直平贴地面，脊柱中立位没有侧弯，下方腿伸直以方便旋转（上方腿可屈膝）。

a　　　　　　　　　　　　　　b

图 4-55　俯卧躯干旋转肌群牵拉（a、b）

9. 仰卧背部肌群牵拉。

动作目的：放松背部肌群；增加躯干旋转活动范围。

动作步骤：如图 4-56，仰卧位，双臂展开平贴地面，一侧腿微屈，膝关节平行垫子，另一侧转髋，微屈膝关节向对侧方向拉伸，动作缓慢，逐渐增加动作幅度，感受肌肉牵拉。双侧交替进行。

指导要点：注意尽力保持拉伸同侧肩关节贴于地面，脊柱中立位没有侧弯，下方腿微屈以方便旋转（上方腿可屈膝）。

a   b

图 4-56　仰卧背部肌群牵拉（a、b）

10. 背阔肌与肩后肌肉群牵拉。

动作目的：放松肩后与背阔肌，增加肩外展活动幅度。

动作步骤：按图 4-57，中跪姿一侧手臂外旋前伸，俯身下压完成动作，感受到肩后外部及背部肌肉牵拉感。双侧交替完成牵拉。

指导要点：保持脊柱的适度旋转，必要时可适度弓背以增加上背部牵拉感。

图 4-57　背阔肌与肩后肌肉群牵拉

11. 三角肌后束及中束牵拉。

动作目的：放松三角肌后束及中束肌肉；增加肩关节活动范围。

动作步骤：如图4-58，右侧手臂伸直，左臂屈肘，将右臂向左肩方向拉伸，可适当向左下方拉伸，感受到三角肌后束、中束及肩关节周围牵拉感。

指导要点：注意牵拉一侧手臂肘关节低于肩关节，上下角度调整，多方向牵拉。

图4-58　三角肌后束及中束牵拉

12. 前臂牵拉。

动作目的：放松前臂屈伸肌群，增加手腕屈伸活动范围。

动作步骤：按图4-59，双手分别背屈、背伸位完成牵拉动作，保持双臂伸直，分别感受到前臂前、后侧肌肉牵拉感。

指导要点：保持身体稳定，手掌的充分伸展；可在手腕屈伸位置下旋转前臂，牵拉放松小臂前后肌肉群的不同部位。

a　　　　　　　　　　　　　　　　b

图4-59　前臂牵拉（a、b）

13. 坐位颈部牵拉。

动作目的：放松颈部周围肌肉群，增加颈部屈伸、旋转与侧偏的活动范围。

动作步骤：如图4-60，颈部屈伸，侧屈以及旋转位下进行牵拉，感受颈部各组肌群的紧张感。

指导要点：保持躯干的中立位与稳定；在颈椎的中立位下开始动作，每次完成颈部一个方向的牵拉动作；适度牵拉，避免任何引发疼痛的动作。

图4-60　坐位颈部牵拉（a、b、c、d、e、f）

（二）动态牵拉

在进行动态牵拉时，要遵循前面所述的注意事项，按要求进行。下面介绍的是常用的动态牵拉动作，在训练中可以自由选择组合方式。

1. 抱膝提踵。

动作目的：拉伸臀大肌和腘绳肌，增加髋关节活动度。

动作及指导要点：如图4-61，在行进间进行拉伸，双手抱膝，使大腿向胸部靠近，抬起脚背屈，身体直立，保持平衡，支撑腿在抬起后提踵。动作幅度逐渐增大。最大幅度保持2秒~3秒，感受肌肉牵拉，交替进行。

a   b   c

图 4-61　抱膝提踵（a、b、c）

2. 抱膝髋外旋提踵。

动作目的：拉伸臀部肌肉，增加髋关节活动度。

动作及指导要点：如图4-62，在行进间进行拉伸，双手一手抱膝，一手抱踝，髋关节外旋，小腿与地面保持平行，身体直立，保持平衡，支撑腿在抬起后提踵。动作幅度逐渐增大。最大幅度保持2秒~3秒，感受肌肉牵拉，交替进行。

a   b   c

图 4-62　抱膝髋外旋提踵（a、b、c）

3. 勾脚前行。

动作目的：拉伸大腿及小腿后侧肌群，增加踝关节活动度。

动作及指导要点：如图4-63，在行进间进行拉伸，收腹挺胸，目视前下方，勾起一侧脚尖，双手沿膝关节到脚踝最后止于脚尖。缓慢向下，感受大腿及小腿后侧肌肉牵拉，注意牵拉要慢，两侧交替进行。

a　　　　　　　　　b　　　　　　　　　c

图 4-63　勾脚前行（a、b、c）

4. 燕式平衡。

动作目的：拉伸大腿前侧肌群及对侧大腿后侧肌群；增加身体平衡控制能力。

动作及指导要点：如图 4-64，在行进间进行拉伸，一手握住脚背，后退屈膝；身体前倾与地面平行，一手向前伸展，上身保持正直，髋关节不能出现旋转，尽量保持一条直线。动作幅度逐渐增大，最大幅度保持 2 秒~3 秒，感受肌肉牵拉，交替进行。

a　　　　　　　　　　　　　　b

图 4-64　燕式平衡（a、b）

5. 蠕动爬行。

动作目的：拉伸大腿后侧肌肉。

动作及指导要点：如图 4-65，屈身开始，双手慢慢向前爬行，双脚位置不变；双手爬行至身体完全打开时，双脚脚尖点地，小步向前前行，双腿保持伸直或微屈。双脚向前拉伸过程中动作要徐缓，感受肌肉拉伸。

4-65 蠕动爬行（a、b、c、d、e）

6. 相扑式深蹲。

动作目的：拉伸腿部后侧肌群及大腿内侧肌肉，调整深蹲姿势，增加平衡稳定性。

动作及指导要点：如图4-66，双脚开立宽于肩，双手抓住两脚尖，感受腿后肌群牵拉，为开始姿态。目视前方向下做深蹲，双肘处于两膝之间，臀部尽量接触小腿，感受大腿内侧肌群拉伸。上身保持挺直。重复蹲起。注意保持平衡，膝关节不超过脚尖，保持同一方向。

a

b

图 4-66 相扑式深蹲（a、b）

7. 侧弓步。

动作目的：拉伸大腿内侧肌肉，增加髋关节活动度。

动作及指导要点：如图 4-67，双手放于胸前，保持平衡。向一侧跨出，屈髋屈膝，保持膝盖与脚尖在同一方向，重心落在脚后，膝盖不要超过脚尖；上身尽量保持挺直，可稍向前倾，两侧交替进行。

a

b

c

图 4-67 侧弓步（a、b、c）

8. 弓步转腰。

动作目的：拉伸下肢肌肉，增加髋关节活动度及拉伸腹内外斜肌。

动作及指导要点：如图 4-68，屈膝 90 度向前迈出一条腿，保持膝盖与脚尖在同一方向，后腿屈膝，膝关节距地面 2 厘米~5 厘米，前脚掌撑地，成前弓步；前腿一侧手臂向后下方对侧脚部拉伸，另一手臂向上举起。逐渐增大幅度，最大幅度保持 2 秒~3 秒，感受肌肉拉伸。双侧交替进行。

a

b

c

图 4-68　弓步转腰（a、b、c）

9. 最伟大拉伸。

动作目的：全面拉伸上下肢及躯干大肌肉群，增加髋关节、肩关节活动度。

动作及指导要点：如图 4-69，向前做弓步，身体前倾，前腿同侧手臂屈肘 90 度，肘关节向同侧脚内部接触，拉伸背部；一手撑地，前腿同侧手臂外展，拉伸胸部及肩关节；最后前腿伸膝，勾起脚尖，双手两侧撑地，拉伸大腿后侧及小腿后侧。逐渐增大幅度，最大幅度保持 2 秒~3 秒钟，感受肌肉牵拉，双侧交替进行。

a

b

c

d

图 4-69　最伟大拉伸（a、b、c、d）

10. 前后摆臂。

动作目的：拉伸胸部，增加肩关节活动度。

动作及指导要点：如图4-70，行进间进行拉伸，上身保持挺直，双臂放松，一上一下，进行前后摆臂。协调进行，保持一定节奏，逐渐增大动作幅度，感受肌肉牵拉。

a　　　　　　　　　　　　　　　　　　b

图4-70　前后摆臂（a、b）

（三）PNF拉伸

在进行PNF拉伸时，要注意以下事项：①三个步骤。一是牵伸者主动拉长被牵伸的肌肉（靶肌肉）。二是牵伸者等长收缩靶肌肉6秒至10秒（约2~3个循环呼吸）。三是牵伸者主动牵伸靶肌肉到新的活动范围。②牵伸者应承担主动角色。③募集更多的肌肉以提高神经肌肉功能。④运动口令指导牵伸。⑤保持正常呼吸。⑥拉伸体位的正确性。⑦注意代偿模式。

下面介绍常用的PNF拉伸动作。

1. 仰卧位臀大肌牵拉（如图4-71）。

动作目的：放松臀大肌，改善臀大肌柔韧性、提高髋关节活动度。

动作步骤：

（1）被牵拉者仰卧，髋关节屈曲、膝关节尽量屈曲并靠近胸部，搭档可协助其移动到靠近胸部位置，直到感觉臀大肌明显被牵拉；

（2）搭档右手放到膝关节后方，为臀大肌的等长收缩提供阻力；

（3）被牵拉者缓慢收缩臀大肌对抗搭档手部的阻力，维持臀大肌等长收缩的姿势，持续6秒~10秒；

（4）被牵拉者保持等长收缩后放松，在深呼气时，搭档移动被牵拉者的腿靠向胸部，加深对臀大肌的牵伸；

（5）上述动作重复2~3次。

指导要点：牵拉过程中确保骨盆处在中立位，动作重复不超过3次，以防止肌肉拉伤。

图 4-71　仰卧位臀大肌牵拉

2. 仰卧位直腿牵拉腘绳肌（如图4-72）。

动作目的：放松腘绳肌，改善腘绳肌柔韧性，提高髋关节屈曲活动度。

动作步骤：

（1）被牵拉者处仰卧位，尽量直腿抬高牵拉侧腿，搭档可协助其被动移动到腘绳肌明显被牵拉的位置；

（2）搭档摆好体位，为腘绳肌收缩提供阻力；

（3）被牵拉者缓慢收缩腘绳肌对抗搭档手部的阻力，维持腘绳肌等长收缩的姿势，持续6秒~10秒；

（4）被牵拉者等长收缩后放松，在深呼气时，股四头肌主动收缩，同时搭档推动被牵拉者的腿到更大的拉伸位置，加深对腘绳肌的牵伸；

（5）上述动作重复2~3次。

指导要点：牵拉过程中确保骨盆处在中立位，膝关节伸直，动作重复不超过3次，以防止肌肉拉伤。

图 4-72　仰卧位直腿牵拉腘绳肌

3. 股四头肌牵拉（如图 4-73）。

动作目的：放松股四头肌。

动作步骤：

（1）被牵拉者处俯卧位，膝关节尽可能屈曲，感受股四头肌有拉长感觉。搭档摆好体位，轻压被牵拉者腿部，使其足跟贴近臀部；

（2）搭档用双手和自身体重抵住被牵拉踝部，为股四头肌收缩提供阻力；

（3）被牵拉者伸腿对抗搭档等长收缩 6 秒~10 秒；

（4）被牵拉者放松，深吸气，当被牵拉者呼气时，搭档帮助被牵拉者加大对股四头肌的牵拉程度；

（5）重复上述动作 2~3 次。

指导要点：牵拉过程中被牵拉者保持髋关节平放于治疗台上。

图 4-73　股四头肌牵拉

4. 俯卧位牵伸髂腰肌（如图 4-74）。

动作目的：放松髂腰肌，改善髋关节伸展。

动作步骤：

（1）被牵拉者处俯卧位，屈曲膝关节，通过伸髋肌群使其腿尽量抬离床面，使髂腰肌有牵拉感；

（2）搭档在被牵拉者膝关节上方用力，以提供髂腰肌等长收缩的阻力；

（3）指导被牵拉者缓慢收缩髂腰肌，等长收缩持续 6 秒~10 秒；

（4）被牵拉者放松并深吸气，在此期间，保持腿部处于起始位置，随着吸气，收缩伸髋肌群使腿部抬得更高，加深对腰肌的牵伸；

（5）上述动作重复 2-3 次。

指导要点：牵伸过程中确保被牵拉者的髋关节平放在治疗床上，髂腰肌等长对抗时要使臀大肌放松。

图 4-74　俯卧位牵伸髂腰肌

5. 坐位牵拉背伸肌群（如图 4-75）。

动作目的：放松背部肌肉，提高躯干的屈曲能力。

动作步骤：

（1）被牵拉者坐位，膝关节微屈，身体尽量向前倾斜，搭档推动被牵拉者腰部到最大的活动幅度；

（2）搭档将两只手放在被牵拉者腰部，提供背伸肌群等长收缩的阻力；

（3）被牵拉者缓慢收缩背肌对抗搭档手部的阻力，维持背伸肌群等长收缩的姿势，持续 6 秒~10 秒；

（4）被牵拉者等长收缩后放松，在深呼气时，主动收缩腹直肌和髂腰肌，同时搭档推动被牵拉者的背部到更大的拉伸位置，加深对背伸肌群的牵伸；

（5）上述动作重复2~3次。

指导要点：牵拉过程中保持头部和脊柱在一条线上，在无痛的范围内进行牵拉。

图4-75　坐位牵拉背伸肌群

6. 坐位胸大肌牵拉（如图4-76）。

动作目的：放松胸大肌，改善肩关节外展、后伸和外旋的功能。

动作步骤：

（1）被牵拉者坐位，两手指交叉放于后脑勺部，两肘尽量外展，使胸大肌拉长到最大范围；

（2）搭档摆好体位，为胸大肌收缩提供阻力；

（3）被牵拉者缓慢收缩胸大肌，使两肘向中间靠拢，保持胸大肌等长收缩6秒~10秒；

（4）等长收缩放松后，被牵拉者深呼气，搭档向后用力，将被牵拉者两肘尽量往后伸展，加大对胸大肌牵拉；

（5）上述动作重复2~3次。

指导要点：牵伸过程中，保持躯干处于中立位，防止牵拉过程中胸椎、腰椎的过伸，可改变两肘的高度，牵拉胸大肌的不同部位。

a   b

图 4-76 坐位胸大肌牵拉 （a、b）

7. 坐位牵拉肱三头肌（如图 4-77）。

动作目的：放松肱三头肌，改善肘关节的屈曲功能。

动作步骤：

（1）被牵拉者坐位，牵拉一侧上臂尽量外展，肘关节屈曲到肱三头肌感觉到牵拉的位置；

（2）搭档摆好体位，一手放于肘关节，一手放于肩胛骨，稳定关节位置，为肱三头肌收缩提供阻力；

（3）被牵拉者缓慢等长收缩肱三头肌，保持 6 秒~10 秒；

（4）等长收缩放松后，被牵拉者深呼气，搭档推动肘关节向后方用力，口头指导尽量抬上臂，屈曲肘关节，进一步拉伸肱三头肌；

（5）上述动作重复 2~3 次。

指导要点：牵拉时，保持背部伸直，拉伸侧手臂前臂尽量贴近大臂。

图 4-77 坐位牵拉肱三头肌

第五节 协调素质训练

一、协调性的释义

（一）协调性定义

协调性是人体自我调节，完成平滑、准确且有控制的随意运动的一种能力。协调性，严格来说不能作为一种素质，它是一种综合能力的表现。在运动中，主动肌、协同肌、对抗肌、支持肌的相互配合，使运动员能够最经济地完成动作。协调性是正常运动中最重要的组成部分，是体现运动控制的有力指标。

协调能力是以身体素质平衡发展为基础，它可使已具备的速度、力量、耐力、技术有机融合，达到最优的效果。协调能力与神经系统发育的完善程度密切相关，协调意味着经济和节省能量，青少年早期训练中应最优先发展协调能力。

（二）协调性的组成因素

1. 分化能力。肌肉清晰地感觉时间、空间和力度的能力。

2. 结合能力。将各套动作精密妥善地连接的能力。

3. 定位能力。感知位置关系（人我、物我）并做出感应动作的能力。

4. 平衡能力。保持平衡或在丧失平衡之后尽快恢复的能力。

5. 节奏能力。正确地再现动作的节奏或模仿表现动作节奏的能力。

6. 反应能力。感知状况变化并做出切换动作以适应状况变化的能力。

二、提高运动协调能力的基本手段和方法

1. 进行心理训练：表象训练。

2. 各种不同复杂程度的练习。

3. 球类练习。

4. 预先规定单个练习动作的负荷强度等。

三、提高运动协调能力手段的基本要求

1. 训练手段新颖、多样。

2. 不断更新竞技专项中的动作协调形式。

3. 遵循竞技专项的规律性。

4. 合理安排运动的负荷和休息方式。

第五章

Chapter 5

警察攀登爬越训练

第一节　警察攀登训练

警察攀登是指利用人体的攀登本能，克服自然或人为的障碍物体，完成特定警务任务的特殊攀登活动。这种特殊攀登活动是警察征服各种障碍的一种技能，它在处置暴力突发事件中具有广泛用途，如追逃、解救人质、应对火灾震灾等险情。

一、攀登的基本方法

攀登的基本方法有：基本手法、基本脚法、重心控制、动作节奏等。

（一）基本手法

攀登时的基本手法主要有撑、抓、勾、紧握、开握、抠捏、反抠、曲握、捏、侧拉等。

（二）基本脚法

攀登时的基本脚法主要有踩、蹬、勾、缠等。

（三）重心控制

在攀登过程中，灵活地控制和移动身体重心，不但能减轻手脚的负荷，而且还能保持身体的平衡，提高完成攀登动作的能力。

（四）动作节奏

攀登时要求动作的快慢和动作间的衔接紧凑连贯，即在保持身体平衡的前提下，要充分地利用惯性不停顿地顺接下一个动作。连贯的攀登动作节奏不但能节省体力，还能增强攀登者的信心。

二、攀登训练主要安全器材

攀登安全器材是辅助攀爬训练的器具和保护装置，也是攀登的装备。在攀登训练中采用的攀登器材主要有主绳、安全带、绳锁套、升降器、攀梯等。

（一）主绳

主绳是攀登者与保护者之间的一种比较可靠的连接绳，其作用是保护攀登者的安全（如图5-1）。主绳可分为动力绳和静力绳。动力绳主要用于出现冲坠时需要缓冲的攀爬（如攀岩、较高建筑等）；静力绳主要用于相对静态性的保护攀爬（如洞穴、下水道等）。

图5-1　主绳

（二）安全带

安全带是为攀登者和保护者提供安全的固定保护装置，其分为可调节式和不可调节式两种，攀登时可根据需要来选用安全带。

（三）绳锁套

绳锁套是攀登保护系统中的软性连接装置，有机械缝制和手工打结两种方式。机械缝制的绳锁套抗拉力大于手工打结的绳锁套。使用时应仔细检查，预防结口脱开。

（四）升降器

升降器是攀登时的自我保护装备之一，主要用于攀岩，可分为上升器和下降器两种。上升器样式有钩式、片式；下降器样式有阿兰式、"8"字式、双环式等。

（五）攀梯

攀梯是攀登时的装备之一，主要用于攀登较高的建筑物，可分为硬梯和软梯两种。硬梯（也称钩梯）主要用于向上攀登，软梯主要用于向下攀登。

三、攀登基础训练

攀登训练应以基础训练为主。实践证明，警察攀登训练的关键在于取之于学，用之于学。也就是说，只有在熟练掌握攀登基本技术的基础上，才能将其转化为攀登应用训练，并为实战服务。强调基础训练的目的在于解决实战应用问题，而实战应用实际上是以基础训练为前提的，两者始终存在着内在的、本质的联系，从而构成了一个统一、系统的训练模式。通常攀登基础训练的内容有：综合性攀登、协助性攀登等。

（一）综合性攀登基础训练

综合性攀登基础训练主要有攀登立柱、攀登吊杆、攀登吊绳、攀登硬悬梯、攀登软悬梯、攀登软网等。这些训练主要应用于自然障碍物的攀登。

1. 攀登立柱。

训练目的：通过攀登立柱或树干、电线杆类障碍物练习，可以使警察熟悉掌握攀登的基本技术，提高攀登技巧。

动作要领：①手脚并用法：攀登者站在立柱前，两手抱住立柱，两脚尽量上提夹紧立柱，两腿向下蹬伸，两手轮流向上移抱立柱，攀至顶点（如图5-2 a）。下时，以相反的动作下降。②利用绳套法：攀登者用绳做一套圈，两脚放于套内，两手抱紧立柱，两脚利用绳套夹紧立柱，两腿向下蹬伸，两手轮流向上移抱立柱，攀至顶点（如图5-2 b）。下时，以相反的动作下降。

安全保护：锁系安全绳，两名保护人员紧握安全绳顺势牵拉，缓降保护。

a. 手脚并用法　　　　　　　　　　b. 利用绳套法

图5-2　攀登立柱（a、b）

2. 攀登吊杆。

训练目的：通过攀登吊杆练习，使警察熟悉掌握攀登吊杆的基本技术，提高攀爬吊杆的技能。

动作要领：①双手攀爬：攀爬者双手握紧吊杆，使身体悬起，两手轮流抓握吊杆向上攀爬（如图5-3 a），攀至顶点。以相反的动作下降。②手脚并用攀爬：攀爬者双手握紧吊杆，使身体悬起，两腿上提，以一只脚的外侧和另一大腿的内侧夹住吊杆，脚蹬杆，两手轮流抓握吊杆向上攀爬（如图5-3 b），攀至顶点。以相反的动作下降。

安全保护：锁系安全绳，两名保护队员紧握安全绳顺势牵拉，缓降保护。

a. 双手攀爬　　　　　　　　　b. 手脚并用攀爬

图5-3　攀登吊杆（a、b）

3. 攀登吊绳。

训练目的：通过攀登吊绳练习，使警察熟悉掌握攀登吊绳的基本技术，提高攀爬吊绳的技能。

动作要领：①双手攀爬：攀爬者双手握紧吊绳，使身体悬起，两手轮流抓握吊绳向上攀爬（如图5-4 a），攀至顶点。以相反的动作下降。②手脚并用攀爬：攀爬者双手握紧吊绳，使身体悬起，两腿上提，以一只脚的外侧和另一大腿的内侧夹住绳，腿伸脚蹬，两手轮流抓握吊绳向上攀爬（如图5-4 b），攀至顶点。以相反的动作下降。

安全保护：锁系安全绳，两名保护人员紧握安全绳顺势牵拉，缓降保护。

a. 双手攀爬　　　　　　　　　b. 手脚并用攀爬

图 5-4　攀登吊绳（a、b）

4. 攀登硬悬梯。

训练目的：通过攀登硬悬梯的练习，使警察熟悉掌握攀登硬悬梯的基本技术，提高攀登硬悬梯的能力，同时也为攀登软悬梯打下基础。

动作要领：硬悬梯有制式板梯和柱梯两种。攀爬时，攀爬者面对硬悬梯站好，右腿弯曲上提，以脚掌蹬紧第一节梯登，两手分别抓握第四、五节梯登；然后身体贴紧硬悬梯，左脚蹬地上提，以前脚掌蹬紧第二节梯登，同时左手用力将梯拉紧，右手向上抓握第六、七节梯登，之后手、脚依次交替抓握、蹬伸梯登向上攀爬（如图 5-5），攀至顶点。以相反的动作下降。

安全保护：锁系安全绳，两名保护人员紧握安全绳顺势牵拉，缓降保护。

图 5-5　攀登硬悬梯

5. 攀登软悬梯。

训练目的：通过攀登软悬梯的练习，使警察熟悉掌握攀登软悬梯的基本技术，提高攀登软悬梯的能力，同时也为攀登软网打下基础。

动作要领：软悬梯有制式绳梯和链梯两种。攀爬时，攀爬者面对软悬梯站好，右腿弯曲上提，以前脚掌蹬紧第一节梯登，两手分别抓握第四、五节梯登；然后身体贴紧软悬梯，左脚蹬地上提，以前脚掌蹬紧第二节梯登，同时左手将软悬梯向胸前拉紧，右手向上抓握第六、七节梯登，之后手、脚依次交替抓握、蹬伸软悬梯向上攀爬（如图5-6），攀至顶点。以相反的动作下降。

安全保护：锁系安全绳，两名保护人员紧握安全绳顺势牵拉，缓降保护。

a　　　　　　　　　　　　　b

图5-6　攀登软悬梯（a、b）

6. 攀登软网。

训练目的：通过攀登软网的练习，使警察熟悉掌握攀登软网的基本技术，提高攀登软网的能力。

动作要领：攀爬时，攀爬者面对软网站好，右腿弯曲上提，以前脚掌蹬紧软网，两手分别抓握高于头顶的软网；然后身体贴紧软网，左脚蹬地屈膝上提，以脚掌蹬紧软网，同时左手将软网向胸前拉紧，右手向上抓握软网，之后手、脚依次交替抓握、蹬伸软网向上攀爬（如图5-7），攀至顶点。以相反的动作下降。

安全保护：锁系安全绳，两名保护人员紧握安全绳顺势牵拉，缓降保护。

图 5-7　攀登软网

7. 攀登天梯。

训练目的：通过攀登天梯的练习，使警察熟悉掌握攀登天梯的基本技术，提高攀登天梯的能力，培养两人的团结协作、信任沟通的能力。

动作要领：经地面起始攀爬到第一层天梯支撑杆上，双腿站立稳住身体重心，两名队员双手在头顶上方抓住铁杆，保持手臂与身体垂直。双人协作配合，通过攀爬、互抓手腕，通过交替发力等协作方式完成每层级的障碍（如图 5-8 a）。

攀爬技巧：双腿站在天梯支撑杆上，稳住身体重心，双手在头顶上方抓住铁杆，保持手臂与身体垂直（如图 5-8 b）。

移动方式：左右手依次前后交替攀爬，双脚悬空后保持身体平衡，队友间需保持沟通，及时调整动作节奏（如图 5-8 c）。

动作规范：禁止踩踏队友的头、颈、腰、背等部位，仅允许踩肩窝和大腿根；攀爬时保持身体稳定，避免剧烈晃动；禁止抓握保护绳或钢缆，避免因滑脱导致受伤（如图 5-8 d）。

安全保护：佩戴安全帽，锁系安全带、安全绳，每名队员配备两名保护人员牵拉安全绳提供保护。

| a | b | c | d |

图 5-8　攀登天梯（a、b、c、d）

（二）协作性攀登训练

协作性攀登训练是一种若干人相互配合，共同完成攀登任务的训练方式。主要有两人或两人以上的协作攀登，一般视障碍物高度而定。通过该练习，培养团队协作精神，提高互助攀登技巧，是增强军事、警务体能素质的重要实践。

1. 两人协作攀登。

较低矮的高墙攀越训练。

动作要领：①托脚协助法：协助者背对墙约 30 厘米成马步下蹲，臀部紧靠墙，上体略前倾，两手垫于大腿上，左掌在下、右掌在上相叠，掌心向上，手指向前（如图 5-9 a）；攀登者两手扶墙，左脚蹬地，右脚蹬住协助者的手掌，两人同时用力，协助者上托攀登者至肩部时，右手掌翻转，掌心向上，手指向后，成单臂向上推送，左手助扶攀登者左脚。攀登者顺势攀住高墙上沿，向上引体，攀上高墙，攀登者骑坐于高墙上，向下伸臂或伸腿，协作者依托攀登者手臂或腿的拉力协作攀上（如图 5-9 b），或借助绳索或扁带等工具将协助者拉上，随后两人各自身体下落，松手跳下。②踩肩协助法：协助者面对墙 50 厘米下蹲，两脚与肩同宽，两手扶墙。攀登者两脚分别踩在协作者的两肩上，两手扶墙，协助者两手撑在两膝上，抬头、挺胸、直腰，用力站起（如图 5-9 c），而后两手托举攀登者的双脚向上直臂推送，攀登者顺势攀住高墙上沿，向上引体，攀上高墙，攀登者骑坐于高墙上，向下伸臂或伸腿，协作者依托攀登者手臂或腿的拉力协作攀上（如图 5-9 b），随后两人用手攀住高墙上沿，身体下落，松手跳下。

安全保护：每名练习者皆锁系安全绳搭墙顺势收绳、并放置软垫保护。

a   b   c

图 5-9　两人协作攀登（a、b、c）

2. 四人协作攀登。

相对较高的高墙攀越训练。

动作要领：搭三层人梯时，底层二人面向墙，两脚前后开立，下蹲，并肩靠紧，手扶墙壁，上体稍向前倾。第二层人蹲踩在底层二人的左右肩上，待第三层人踩在第二层人的肩上时，由上而下逐层站起（如图 5-10 a），第三层人顺势抓住高墙上沿，向上引体，攀上高墙，攀登者骑坐于高墙上，向下伸臂或伸腿，第二层协作者依托攀登者手臂或腿的拉力协作攀上（如图 5-10 b），第一层协作者中一人在另一人托举及攀上人员的协助下攀上（如图 5-10 c），最后一人可借助绳索或扁带等工具在攀上者的协助下完成攀上或利用自身素质助跑，借助攀上者下伸的腿和手臂的协助上拉攀上（如图 5-10 d）。

安全保护：每名练习者皆锁系安全绳搭墙顺势收绳保护，多名队友在障碍物下做好防失误跌落保护，放置软垫保护。

a   b   c   d

图 5-10　四人协作攀登（a、b、c、d）

第二节　警察八项综合素质训练

一、警察八项的介绍及意义

（一）警察八项训练场设置介绍

警察八项训练场地要求长 115 米，宽 6 米，具体障碍位置设定为：起点-5
米-低桩网（10 米）-10 米-2.4 米高板-7 米-空中软网（10 米）-5 米-高架速降
塔-8 米-斜绳摆渡（14 米）-8 米-爱尔兰高板-10 米-高低栏（2 米）-12 米-拱
形肋木（10 米）。根据具体场地实际情况可选择单道直线式和双道回折式排列。

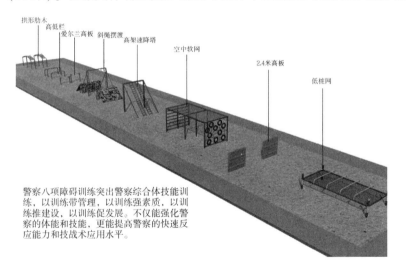

警察八项障碍训练突出警察综合体技能训
练，以训练带管理，以训练强素质，以训
练推建设，以训练促发展。不仅能强化警
察的体能和技能，更能提高警察的快速反
应能力和技战术应用水平。

图 5-11　警察八项场地

（二）警察八项障碍训练的意义

警察跨越障碍能力是警察在执行追逃、缉捕等任务中必备的体能素质。在追
逃行动中可能会遇到奔跑、跳跃、攀爬、平衡、支撑等体能的考验，如果警察跨
越障碍能力较差，会直接影响任务的完成。跨越障碍训练是提高警察此项体能素
质的重要路径。因此，通过跨越障碍能力的训练，能够发展警察在执行警务行动
中所需要的体能和技能。

警察八项障碍体能训练是为警察专门设计的体技能综合训练科目，俗称警察

八项障碍。严格的警察障碍训练，可以提高警察的跨越障碍能力，培养警察勇敢、顽强的意志品质，为警察执行任务时能准确、快速、安全地通过各种自然障碍或人为障碍打下良好的基础。

二、警察跨越障碍的方法

（一）通过低桩网

训练目的：通过爬越低桩网障碍物的练习，提高警察迅速通过较低障碍物的能力，提高警察的身体素质和身体协调能力。

动作要领：以低姿匍匐为例，身体俯卧，两臂前伸，肘部弯曲，掌心向下，两手交错扒地。两腿自然弯曲，脚尖外撇，腿内侧着地，两腿交错蹬地，并与两臂协调向前爬行。如右手持枪或持物爬越时，可用手背及小臂交替扒地前行。

安全保护：保护者二人（每道一人）站在低桩网前沿位置，将海绵垫放于低桩网上，并向前延伸20厘米。练习者在卧倒时可能判断距离不准，海绵垫可避免头部撞击低桩网前沿。

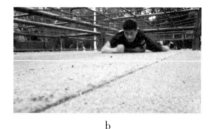

a   b

图 5-12   通过低桩网（a、b）

（二）2.4 米高板

训练目的：通过翻越 2.4 米高板障碍物的训练，提高警察跨越高板或高墙的体技能素质，培养警察战胜一切困难的意志和自信心，激发个人潜力。

动作要领：通过高板时，应先加速助跑，利用快速水平速度使两脚依次蹬踏板墙，两手向上迅速扒握高板上沿，右肘上翻，用右大臂和腋窝挂于高板上沿，右脚上摆，用脚跟钩挂高板上沿，身体向上翻移俯卧于高板上。左腿随身体上摆越过高板，左手钩挂高板上沿，右手按住墙体，转体跳下，落地缓冲。

安全保护：保护者四人（每道两人）分别站在高墙两侧。当练习者翻越高墙因失手滑落或跌落时，保护者及时给予安全保护，以免其受伤。必要时可铺设厚海绵垫。

a

b　　　　　　　　c　　　　　　　　d

e

图 5-13　2.4 米高板（a、b、c、d、e）

（三）通过空中软网及轮胎墙

训练目的：通过翻越空中软网和轮胎墙障碍物训练，可以提高警察的运动平衡能力和爬越轮胎墙能力，克服高空恐惧心理，提高身体力量、柔韧性和协调能力等素质，培养警察顽强的意志品质和良好的心理素质。

动作要领：攀上竖梯后，两脚分开成小外"八"字站立，双手左右分开维持身体平衡，两眼目视前方，用余光注视前面的铁网。单脚瞬间支撑，另一只脚向前迈出落在铁网十字交叉位置，两脚交叉行进。在熟练的基础上，加快行进速度至小跑。行至铁网端后蹲下，转体从轮胎墙爬下。

安全保护：保护者四人（每道两人），分别站在竖梯和轮胎墙两侧。当练习者攀登直梯和攀下轮胎墙因失手滑落或跌落时，保护者及时给予安全保护，以免其受伤。必要时可铺设厚海绵垫。

a   b

图 5-14　通过空中软网及轮胎墙（a、b）

（四）高架速降塔

训练目的：通过高架速降塔的攀登和速降训练，可以提高警察的攀登和高空速降能力，克服高空恐惧心理，培养身体力量和速降自我控制能力。

动作要领：①通过硬梯高架速降时，首先从硬梯攀登至速降塔上端，然后两腿依次从塔顶翻越，两脚蹬稳梯凳，两手把握塔顶，两腿攀抱速降柱，两手换握梯凳，然后两臂攀抱速降柱，快速下滑至地面。下滑速度由两臂和腿用力控制。②通过柱梯高架速降时，首先从柱梯攀登至速降塔上端，两手扒握塔顶，然后两腿依次翻越，用腘窝钩挂斜柱，两臂抱握斜柱顶端，随即快速下滑至地面。下滑速度由两臂用力控制。

安全保护：保护者四人（每道两人），分别站在直梯或柱梯、速降柱两侧。当练习者在攀登直梯或柱梯、速降下滑因失手滑落或跌落时，保护者及时给予安全保护，以免其受伤。必要时可铺设厚海绵垫。

图 5-15　高架速降塔

（五）斜绳摆渡

训练目的：通过跨越斜绳摆渡障碍物的训练，可以提高警察跨越沟壑、水渠、池塘等障碍物的体能技能，培养警察克服困难、敢于跨越危险、勇往直前的意志品质。

动作要领：两手抓紧斜绳，引体屈臂，同时两脚用力蹬地，两大腿内侧用力夹住斜绳向前摆动。当摆至对岸时，两脚抓地，身体顺势屈腿站稳，两手放绳完成摆渡。

安全保护：保护者四人（每道两人），分别站在岸体两侧下方。当练习者在摆渡过程中因失手滑落或跌落时，保护者及时给予安全保护，以免其受伤。必要时可铺设厚海绵垫。

图 5-16　斜绳摆渡

（六）爱尔兰高板

训练目的：通过翻越爱尔兰高板训练，可以提高警察的身体力量、速度、协调性和灵敏性，培养警察面对困难以及战胜困难的意志品质，激发个人潜力。

动作要领：分为两种方式：①助跑双脚起跳，使胸部过爱尔兰高板上沿，屈肘用手掌和小臂支撑高板，身体后摆至高点，翻肘支撑，身体前移支撑，单腿屈膝摆越蹬高板，身体侧移，提另一腿蹲在高板上，单手支撑跳下，缓冲落地。②助跑双脚起跳，使头部过爱尔兰高板上沿，双手屈臂抓握爱尔兰高板的远端，用腋窝挂住高板，身体向一侧摆动至高点，屈膝、用脚后跟挂住高板上沿（先向一侧摆动，再向对侧摆动后用脚钩挂高板上沿）。拉臂、展体、转体身体上移，趴在高板上，推手、转体坐在高板上，推手跳下，落地缓冲。

安全保护：保护者四人（每道两人），分别站在爱尔兰高板两侧。当练习者跨越爱尔兰高板因失手滑落或跌落时，保护者及时给予安全保护，以免其受伤。必要时可铺设厚海绵垫。

图 5-17 爱尔兰高板（a、b、c、d）

（七）高中低栏

训练目的：通过跳越高中低栏障碍物训练，提高警察在运动中跳越高中低栏障碍物的能力，培养警察良好的空间感觉和判断力、控制力。

动作要领：分为两种方式：①助跑起跳（单脚或双脚）越上低栏，双手撑高栏、双脚起跳，身体侧摆屈膝蹲在高栏上，单手支撑跳在中栏上，直接从中栏上跳下，落地缓冲。②助跑起跳（单脚或双脚）越上低栏，双手撑高栏、双脚起跳前扑，腹部撑高栏，单腿屈膝前摆跨越高栏，转体坐在高栏上，双手支撑跳到中栏上，再单手支撑从中栏跳下，落地缓冲。

安全保护：保护者六人（每道三人），分别站在低栏与高栏之间、高栏与中栏之间和中栏两侧。当练习者翻越高中低栏障碍物因失手滑落或跌落时，保护者及时给予安全保护，以免其受伤。必要时可铺设厚海绵垫。

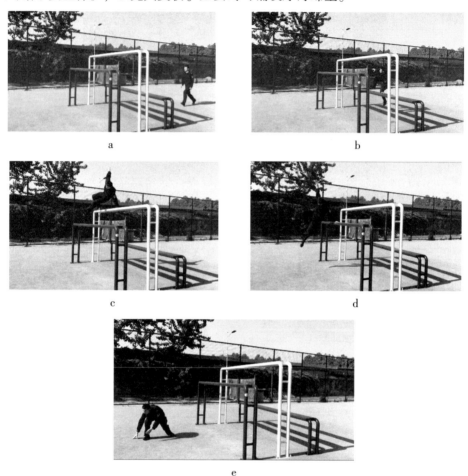

图 5-18　高中低栏（a、b、c、d、e）

（八）拱形肋木

训练目的：通过攀爬拱形肋木障碍物的训练，可以提高警察的上肢力量、耐力和身体的协调性，培养良好的意志品质。

动作要领：起跳，双手正抓握拱形肋木横杆，身体稍前摆引臂，重心前移，一手抓握前面肋木横杆，另一手跟上或向前抓握横杆，以此动作使身体向前移动，行至拱形肋木另一端放手跳下，缓冲落地。根据训练水平，可跳跃 2~3 个横杆抓握。

安全保护：保护者二人（每道一人），站在拱形肋木障碍物前沿位置。当练习者在攀爬拱形肋木障碍物向前移动时，保护者及时跟随移动保护，如练习者发生滑落或跌落，保护者及时给予安全帮助。

图 5-19　拱形肋木

三、警察跨越障碍体能训练的考核规则

1. 起跑。起跑的口令是"预备——跑"。当考核者听到"预备"的口令后，两人一组，分别站在起跑线后采用站立式起跑姿势准备，当听到"跑"的口令或发令旗下摆后，起跑，计时开始。不准抢跑。

2. 通过低桩网。采用匍匐姿势通过。

3. 翻越高板。单人独立完成，不准借助其他器材。

4. 通过空中软网和轮胎墙。采用立姿通过空中软网；采用手脚并用爬下轮胎墙，不准直接跳下落地。

5. 高架速降塔。攀登到顶端后要求从横梁上越过，再抱柱速降落地，不准头部朝下。

6. 斜绳摆渡。摆渡过程不准坠落，他人不准助力。

7. 翻越爱尔兰高板。不准借助外力翻越通过，不准绕过。

8. 高中低栏。不准借助外力翻越通过，不准绕过。

9. 拱形肋木。从第一根肋木悬体开始，独立完成至最后一根肋木跳下落地，两手交替抓握前行，可跳跃抓握。中途身体落地重新从第一根肋木开始，不准借助外力。

10. 通过终点。通过终点，计时结束。

第六章
Chapter 6

警察心理行为能力训练

警察心理行为能力是指警察在执行警务行动中克服恐惧心理行为的能力。如警察在追逃行动中可能会遇到攀登、跨越障碍物和与队友协助克服困难的心理行为体能考验。因此，警察需具备信任自己和队友这一心理行为体能素质，具备克服困难、勇敢顽强和坚忍不拔的意志品质，为警察在执行任务时能准确、快速、安全地通过各种自然障碍或人为障碍，打下良好的基础。

第一节　警察心理行为体能基础训练

警察心理行为体能基础训练是降低心理行为体能训练难度的一种练习方法。警察心理行为体能训练应本着循序渐进的训练原则，逐渐增加训练难度，使受训人员逐个克服各种难度的心理行为体能障碍。

一、训练内容和方法

（一）穿越模拟电网

训练目的：穿越模拟电网是集体完成的训练项目。通过这一练习项目，可以提高警察穿越模拟电网障碍物的协作能力，培养集体主义意识和良好的合作精神。

项目规则：

1. 所有人在规定时间内从电网的一侧穿越到另一侧。

2. 所有队员都从网孔中穿过，不得绕行。

3. 每个网孔只能使用一次，用过的网孔将被封住。

4. 任何队员不得触网，一人触网全队重来。

5. 队员不得绕过去帮忙，过去的队员也不得回来帮忙。

动作要领：所有队员站于电网的一侧（图6-1），根据每个队员身材安排好相应的网孔，依次从网孔穿越。第1名和最后1名队员可选择靠下的网孔，穿越时，右腿先穿越，随后头部、躯干穿越，最后左腿穿越。其他队员穿越时，挺直身体，可由两侧队员协助接力抬过网孔（图6-2）。

安全保护：模拟电网另一侧站1名保护者，如遇有绊倒者给予保护。

图6-1

图6-2

（二）信任背摔

训练目的：信任背摔是集体完成的练习项目。通过信任背摔的练习，提高警察个人对队友的信任心理行为能力，培养集体主义和良好的合作精神。

动作要领：保护队友，10人成两列横队面对面站立，相对2人两手互相搭在肩上。练习者站在高台上背对队友，然后直体后倒背摔于队友臂上（图6-3）。在练习者接触手臂瞬间，向下稍作缓冲，让练习者落地站稳。

安全保护：在保护队友手臂下面放置厚海绵垫。

图 6-3

(三) 翻越高墙

训练目的：翻越 4.2 米高墙是集体完成的练习项目。通过翻越 4.2 米高墙的练习，提高警察通过集体协作翻越高墙的能力，提高危急时刻的生存技能，培养集体主义和良好的合作精神。

项目规则：所有队员在规定时间内翻越一面 4.2 米的光滑墙面，翻越过程中，队员不能借助任何外界的工具（腰带、衣服、绳子等）。

动作要领：通过搭人梯的方法，由 3 名队员手撑墙面肩并肩站成一排，搭建成人梯的第一层，由 2 名队员站在第一层队员的肩膀上，搭建成人梯的第二层（图 6-4），1 名队员站在第二层队员的肩膀上可扒住高墙的上沿（图 6-5），引体翻越高墙，其他队员由上下队员协助依次翻越。最后 1 名队员翻越时，上方 1 名队员在其他队员协助下倒挂于墙面，双手朝下，下方队员助跑起跳，抓握倒挂队员的手腕，由上方队员协助拉上高墙（图 6-6）。

安全保护：放置厚海绵垫。

图 6-4　　　　　　　　　图 6-5　　　　　　　　　图 6-6

（四）通过荡木桥

训练目的：通过荡木桥是集体完成的练习项目。通过该练习，提高警察通过荡木桥障碍物的协作能力，培养集体主义意识和良好的合作精神。

动作要领：双手交替抓握荡绳（索），保持身体平衡，控制重心尽可能与荡木垂直，依次通过直达对岸（图 6-7）。

安全保护：锁系安全绳保护。

图 6-7

（五）携手并进

训练目的：携手并进是集体完成的练习项目。通过携手并进的练习，提高警察携手并进跨越障碍物的协作能力，培养集体主义意识和良好的合作精神。

动作要领：

两人同时站在高低不平的木板两端，手抓绳索，保持好身体平衡（图 6-8），在统一口令下抬脚，步调一致依次通过木板，直达对面（图 6-9）。

安全保护：保护队员跟随保护。

图 6-8 　　　　　　　　　　　　　　　　图 6-9

第二节　警察心理行为体能高阶训练

警察心理行为体能实用训练是具有一定心理行为体能训练难度的一种练习方法。警察在具备和掌握了心理行为体能基础后，应提高训练难度，向实用性训练方向发展，逐个征服各种难度的心理行为体能障碍，以适应警察实战的需要。

一、训练内容和方法

（一）绝壁横墙

训练目的：通过绝壁横墙的练习，可以提高警察在高空状态下横向爬越楼房沿壁的能力，提高警察对高空恐惧的承受心理行为体能，培养勇敢顽强、勇于挑战的精神。

动作要领：系好安全带，连接保险绳并再次检查确定。从柱梯攀登至顶端。队员站于8米高的绝壁窄板上，身体贴紧墙壁，保持重心稳定，横向移动到绝壁的另一端（图6-10）。

安全保护：保护者集中注意力，握紧安全绳。安全绳松紧适度（即对练习者无加外力为度），并随练习者位置移动而移动。练习完毕，保护者握紧安全绳，慢慢松绳将练习者下降至地面。

图 6-10

（二）高空独木桥

训练目的：通过高空独木桥的练习，可以提高警察在高空状态下跨越高空独木桥的能力，提高警察高空恐惧承受心理行为体能，培养勇敢顽强，勇于挑战的精神。

动作要领：系好安全带，连接保险绳并再次检查确定。从柱梯攀登至顶端。站于独木桥上，保持身体平衡，由独木桥的一端走至另一端（图 6-11）。

安全保护：保护者集中注意力，握紧安全绳。安全绳松紧适度（即对练习者无加外力为度），并随练习者位置移动而移动。练习完毕，保护者握紧安全绳，慢慢松绳将练习者下降至地面。

图 6-11

（三）高空吊索桥

训练目的：通过高空吊索桥的练习，可以提高警察在高空状态下跨越高空吊索桥的能力，提高警察高空恐惧承受心理行为体能，培养勇敢顽强，勇于挑战的精神。

动作要领：系好安全带，连接保险绳并再次检查确定。从柱梯攀登至顶端。

站于吊索桥上，手拉吊索，保持身体平衡，由吊索桥一端横向移动至另一端（图6-12）。

安全保护：保护者集中注意力，握紧安全绳。安全绳松紧适度（即对练习者无加外力为度），并随练习者位置移动而移动。练习完毕，保护者握紧安全绳，慢慢松绳将练习者下降至地面。

图6-12

（四）高空梅花桥

训练目的：通过高空梅花桥的练习，可以提高警察在高空状态下跨越高空梅花桥的能力，提高警察高空恐惧承受心理行为体能，培养勇敢顽强，勇于挑战的精神。

动作要领：系好安全带，连接保险绳并再次检查确定。从柱梯攀登至顶端。站于梅花桥上，保持身体平衡，目视前方，余光看着前方的梅花桩，由梅花桥一端走到另一端（图6-13）。

图6-13

安全保护：保护者集中注意力，握紧安全绳。安全绳松紧适度（即对练习者无加外力为度），并随练习者位置移动而移动。练习完毕，保护者握紧安全绳，慢慢松绳将练习者下降至地面。

（五）高空翘板桥

训练目的：通过高空翘板桥的练习，可以提高警察在高空状态下跨越高空翘板桥的能力，提高警察高空恐惧承受心理行为体能，培养勇敢顽强，勇于挑战的精神。

动作要领：系好安全带，连接保险绳并再次检查确定。从柱梯攀登至顶端。站于翘板桥一端，保持身体平衡，慢慢向上移动至中点，再慢慢向下移动，逐个走完所有翘板（图6-14）。

安全保护：保护者集中注意力，握紧安全绳。安全绳松紧适度（即对练习者无加外力为度），并随练习者位置移动而移动。练习完毕，保护者握紧安全绳，慢慢松绳将练习者下降至地面。

图6-14

（六）高空断桥

训练目的：通过高空断桥的练习，可以提高警察在高空状态下跨越高空断桥的能力，提高警察高空恐惧承受心理行为体能，培养勇敢顽强，勇于挑战的精神。

动作要领：系好安全带，连接保险绳并再次检查确定。从柱梯攀登至顶端。站于断桥上，移动至断桥处，腿部用力向前跨出一大步，移动至断桥另一端（图6-15）。

安全保护：保护者集中注意力，握紧安全绳。安全绳松紧适度（即对练习者无加外力为度），并随练习者位置移动而移动。练习完毕，保护者握紧安全绳，慢慢松绳将练习者下降至地面。

图 6-15

（七）高空绳桥（相互依存）

训练目的：通过高空绳桥的练习，可以提高警察在高空状态下跨越高空绳桥的能力，提高警察高空恐惧承受心理行为体能，培养勇敢顽强，勇于挑战的精神。

动作要领：系好安全带，连接保险绳并再次检查确定，从柱梯攀登至顶端。两名队员面对面站于绳桥上，相互搭手，横向由绳桥一端移动到另一端（图 6-16）。

安全保护：保护者集中注意力，握紧安全绳。安全绳松紧适度（即对练习者无加外力为度），并随练习者位置移动而移动。练习完毕，保护者握紧安全绳，慢慢松绳将练习者下降至地面。

图 6-16

（八）高空荡木桥

训练目的：通过高空荡木桥的练习，可以提高警察在高空状态下跨越高空荡木桥的能力，提高警察高空恐惧承受心理行为体能，培养勇敢顽强，勇于挑战的精神。

动作要领：双手抓握两侧荡绳，保持身体平衡，控制重心尽可能与荡木垂直，依次通过荡木直达对岸（图6-17）。

安全保护：保护者集中注意力，握紧安全绳。安全绳松紧适度（即对练习者无加外力为度），并随练习者位置移动而移动。练习完毕，保护者握紧安全绳，慢慢松绳将练习者下降至地面。

图6-17

（九）高空单杠

训练目的：通过高空单杠的练习，可以提高警察在高空状态下抓握高空单杠的能力，提高警察高空恐惧承受心理行为体能，培养勇敢顽强、勇于挑战的精神。

动作要领：系好安全带，连接保险绳并再次检查确定。从柱梯攀登到顶端，双手撑握顶盘，右脚上抬至顶盘成右腿蹲，身体重心落在右腿。左脚上抬至顶盘成蹲势，重心落在两脚中间。两臂自然侧举，身体慢慢站起，两腿微屈，控制好平衡。两手上举，两腿用力蹬伸，两手迅速抓握空中单杠，悬体数秒后结束（图6-18）。

安全保护：保护者集中注意力，握紧安全绳。安全绳松紧适度（即对练习者无加外力为度），并随练习者位置移动而移动。练习完毕，保护者握紧安全绳，慢慢松绳将练习者下降至地面。

a   b

图 6-18   （a、b）

第七章

Chapter 7

警察专项基本功训练

警察专项基本功训练，是通过基本专项素质训练方法来增强肌肉的力量，增强关节、韧带的灵活性和柔韧性，学会踢、打、摔、拿等的基本技术要领，提高攻击能力和防御能力。

第一节　上肢、下肢专项素质训练

一、上肢专项素质训练

上肢训练一般通过器械完成，每次训练的动作顺序可以不一样。下面介绍几种基本的训练方法。

（一）平板卧推

动作说明：卧推是一个复合动作，涉及肩关节、肘关节等多个关节的动作。主练肱三头肌、上部胸大肌。

动作要领：仰卧在平板卧推凳上，双脚分开踩实地面。背部自然贴紧卧推凳，双手与肩同宽握住杠铃，杠铃杆放在手掌根部，向上推起杠铃杆，锁定（伸直）肘部。深吸一口气下放杠铃，在杠铃杆将触碰胸部之前停止动作。将杠铃杆推回至起始位置。

（二）杠铃弯举

动作说明：杠铃弯举也称胸前弯举、负重弯举等，简称"弯举"，主练肱肌、肱二头肌、肱桡肌和旋前圆肌。

动作要领：两臂伸直反握杠铃垂于体前，两脚左右开立同肩宽，上体伸直。

肘关节固定，肱二头肌和肱肌等主动收缩，前臂缓缓上举并逐渐向上臂靠拢，至上述肌肉不能收缩为止。停顿保持片刻，然后慢慢下放还原。练习过程中，上臂应靠近身体，保持稳定，避免前后晃动，杠铃不要贴住大腿。

（三）上斜仰卧臂屈伸

动作说明：上斜仰卧臂屈伸是锻炼肱三头肌最基础的动作，是贯穿练习肱三头肌各个阶段的重要动作，也是最有效的动作之一。此外还对胸大肌、前锯肌和背阔肌有锻炼效果。

动作要领：仰卧在一个调成大约 30 度角的上斜凳上，双手大约与肩同宽握住杠铃，并将其置于面部的正上方，手臂伸直。慢慢朝头上降低杠铃，当肘关节到达大约 90 度角的位置时停止动作。然后，反向推举杠铃返回初始位置。做动作时要始终保持肘部的位置固定不动。

（四）锤式弯举

动作说明：锤式弯举是一种有效地锻炼肱二头肌、肱肌的动作。

动作要领：双脚与肩同宽站立，保持身体直立，双手各抓握住一只哑铃，掌心相对。手臂紧贴住身体两侧，肘关节自然悬垂于体侧。用肱二头肌的力量弯曲手臂，提起哑铃至肩部高度，在最高点进行顶峰收缩，稍作停留，然后缓慢控制哑铃下落，回到起始位置，在动作的底部即起始位置，手臂应完全伸直。保持躯干稳定，不要前后晃动或借助腿部力量，全程保持沉肩，不要耸肩。

（五）哑铃快挺

动作说明：哑铃快挺主要发展伸膝肌肉群、曲足肌肉群、肩带肌肉群的力量。

动作要领：两脚前后开立，双手持哑铃于胸前，在向上跳起时，双手同时向前上方推出，落地后两脚前后交换，连续跳。要求手脚配合、速度快，动作灵活。

（六）负重空击练习

动作说明：练习者体会全身发力和打击目标的准确性，加强出拳力量。

动作要领：成格斗式，两手持哑铃，哑铃重量可根据自身力量选择，可以原地或行进间作直拳、摆拳、勾拳的单一动作或连续组合动作练习，保持动作不变形，持哑铃手击打要到位。

二、下肢专项素质训练

（一）负重深蹲

动作说明：负重深蹲可以帮助练习者发展腿部综合力量，为运动速度和爆发力的提升打下基础。

动作要领：杠铃或重物放在肩部靠下的位置，身体直立，两脚分开与肩同宽。两腿屈膝下蹲，背部挺直，蹲至最深位置后迅速挺腰伸髋。身体回到直立位置。

（二）负重登台阶

动作说明：负重登台阶主要锻炼股四头肌、臀大肌，以增强弹跳力。

动作要领：肩负杠铃或重物，右脚支撑，左脚踏在高的台阶上，踏在台阶上的脚带动身体积极用力蹬起，膝关节伸直，身体略腾空，在空中两脚交换，右脚踏在台阶上，左脚落地。

（三）负重交叉弓步跳

动作说明：负重交叉弓步跳主要发展股四头肌、股二头肌、腓肠肌等肌肉力量，可提高身体协调性和腿部爆发力。

动作要领：双手拿杠铃片或者哑铃，选择适合自己的负重力量。两脚成弓步站立，屈髋、屈膝形成90度，全脚掌着地，前腿膝盖不要超过脚尖，后腿膝盖接近地面。然后向上跳起，双腿交换位置，前腿向后，后腿向前，最后以弓箭步的姿势落地。左右快速交替进行。

（四）提膝训练

动作说明：提膝训练发展下肢专项力量，提高起腿的速度和高度，为出腿做关键性准备。

动作要领：身体直立，一腿蹬地后迅速上提（正上、侧上、斜上）至最高点，最高位后落下支撑，换另一腿作以上同样的动作，交替进行。可原地或行进间进行练习。协调自然。

a   b

图 7-1　提膝（a、b）

（五）控腿

动作说明：控腿可以发展腿部力量，提高腿的支撑能力和上举能力。

动作要领：手扶肋木或其他物体或不依靠外物，用一条腿支撑，另一条腿缓缓向前（后、侧）伸出，练习时左右交替进行。伸出后要停留一段时间后再还原，控制腿不能低于水平面。

a　后控腿   b　正控腿

c　侧控腿

图 7-2　控腿（a、b、c）

（六）压腿

动作说明：压腿分为正压、侧压、后压、竖劈腿、横劈叉腿五种。主要目的是拉长腿部的肌肉和韧带及加大髋关节的活动范围。

动作要领：

1. 正压：面对一支撑物，将前腿抬起放置于支撑物上，保持腿直；后腿支撑身体重心，脚尖与前脚保持在一条直线上，腿亦挺直放松，双手叠并放置于前膝上，上身放松正直；而后身体努力往下振压，一直到下颌能挨到脚尖方为练到位。

图 7-3　正压腿

2. 侧压：面对一支撑物，将前腿抬起放置于支撑物上，保持腿直；后腿支撑身体重心，脚尖向外展 90 度，脚跟与前脚平行成一线，腿亦挺直放松，身体向侧振压至前脚尖方向；一直压至身侧与腿合方为练到位。

图 7-4　侧压腿

3. 后压：背对一支撑物，将一只脚向后放至支撑物上，而后上体努力向后振压。

4. 竖劈腿：腿前后分开成一字形，双手撑地，使上身正直，而后努力使身体向下振压，至两腿前后分开至一条线坐于地下为合格。

5. 横劈叉腿：左右分开成一字形，双手在体前撑地，使上身正直，而后努力使身体向下振压，至两腿左右分开成一线并坐于地下方为合格。

（七）踢腿（包含正踢、侧踢等）

动作要领：

1. 正踢：练习时要求身体成立正姿势站好，双手向左右平举，十指向上，掌心向左右；而后左脚自然向前上一步支撑身体，右脚尖勾起并利用腰胯之力将右腿猛踢向正前上方，腿踢至极限后，借回弹之力下落在体前，略上一步，左脚按相同方法做前踢腿。亦可在原地练习。

a

b

c

图 7-5 正踢（a、b、c）

2. 侧踢：按前面的姿势站好，右脚向前上一步，身体左侧向前，左脚尖勾起向头上方踢，右掌上架于头上，左掌立于右腋下，左脚落地，上右步，身体右转，左脚尖勾起向头上踢。

3. 里合腿：按前面的姿势站好，左脚上一步，右脚尖内扣向左上踢，经面前向左侧上方直腿里合，落于左脚前外侧，身体稍右转，右脚按同样的要求里合。

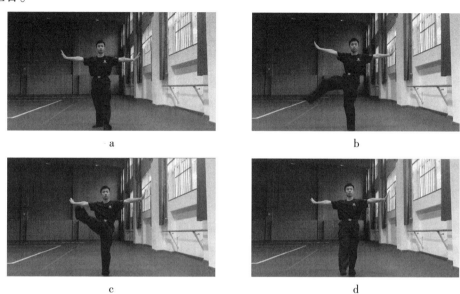

图 7-6　里合腿（a、b、c、d）

4. 外摆腿：同样按前面的姿势站好，左脚向前上一步，右脚尖绷直，向右侧踢起，经面前向左侧上方外摆，落在左脚旁，然后后脚按同样要求外摆。踢时支撑腿要挺直，身体保持正直，不得弓背弯腰，踢时全身放松，要通过腰发力。

a

b

c   d

图 7-7　外摆腿（a、b、c、d）

第二节　倒地基本功训练

一、跌、扑、滚、翻、腾基本功训练

在擒敌格斗中，警察避免不了要面对各种跌摔、翻滚、腾跃等情况，下面具体介绍几种跌摔、翻滚、腾跃技巧。

（一）前滚翻

动作说明：在从高处跃下以及实战中，能够避免头部及肾脏器官受损。

动作要领：两腿屈膝全蹲，两手在身前撑地；低头含胸，两腿后蹬；以背、腰、臀依次着地，团身向前滚翻；两手抱小腿成蹲立姿势。必要时，双手扶地，做下一个前滚翻。要求肩、背、腰、臀依次着地，滚翻要圆顺。高处跃下时，将下作用力转移为后蹬力，注意低头含胸，保护头、颈。

a   b

c　　　　　　　　　　　　　　　　　d

图 7-8　前滚翻（a、b、c、d）

（二）后滚翻

动作说明：两腿屈膝全蹲，两手在身前撑地；两腿后蹬，上身卷体向后倒下，以背着地，两手在头两侧撑地，团身向后翻滚；两脚落地，两手扶地成蹲立姿势。

动作要领：身体必须成半圆环形，滚翻要圆顺，注意膝胯主动向后跟追头部。

a　　　　　　　　　　　　　　　　　b

c　　　　　　　　　　　　　　　　　d

图 7-9　后滚翻（a、b、c、d）

（三）侧滚翻

动作说明：两腿屈膝半蹲，右手向左大腿外侧下插；低头含胸，团身向右前滚翻，以右肩、背、腰、臀依次着地；左前臂向下拍击垫子，顺势成蹲立。然后

167

再向左前做下一个侧滚翻。

动作要领：身体必须成半圆环形，要求肩、背、腰、臀依次着地，手臂拍击要有力，翻滚要圆顺。

（四）鱼跃前滚翻

动作说明：半蹲姿势开始，重心前移，两脚蹬地，向前上方跃起，腾空后，保持含胸曲髋姿势，眼看前下方，手掌撑地后，迅速曲臂缓冲，低头屈体前滚，当背部着地时，团身屈膝，抱腿前蹲成直立。

动作要领：有明显腾空，滚动圆滑。

（五）腾跃（鲤鱼打挺）

动作说明：仰卧，两腿上摆，两手放于胸前或胯侧；两腿猛力向下摆打，同时挺腹，振摆而起。

动作要领：两脚分开不得超过两肩宽，打腿振摆要快速、协调，落脚点在臀部下方，挺腹方向是斜前上方。

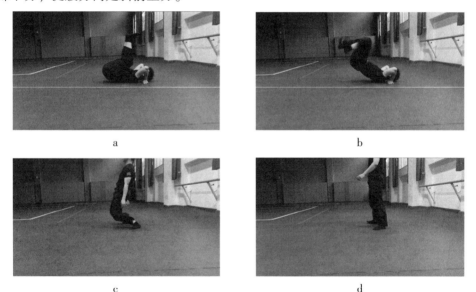

a

b

c

d

图 7-10　鲤鱼打挺（a、b、c、d）

二、倒地功训练

在实战中掌握合理的倒地技术，可以增强抗震能力。

（一）前倒

动作说明：并步站立，直体向前倾倒，在将要倒地的瞬间迅速屈肘缓冲，以两手在身前撑地；或屈肘直腕主动用前臂拍击地面。

动作要领：训练时可先降低高度，采取跪地前倒训练；掌握好缓冲技巧后，再采取弓步前倒；最后站立前倒。注意训练时做好防护措施。

a　　　　　　　　　　　　　　　b

c

图 7-11　前倒（a、b、c）

（二）后倒

动作说明：两腿直立，直体向后倾倒，在将要倒地的瞬间迅速屈肘，主动以两手臂在身侧拍击地面，右腿上抬，斜上方伸直，另一腿屈膝撑地，脚跟提起，髋腰上顶，仰卧于地面；头抬起，目视右脚尖。

动作要领：训练时可先采用弓步半蹲式练习，待熟悉后采用直立式后倒。要求倒下时头抬起，离开地面防止后脑受伤。

a   b

c   d

图 7-12   后倒 （a、b、c、d）

（三）侧倒

动作说明：两脚开立，两臂由下向身体右侧、再向左前上挥摆，同时左脚向右侧横摆，身体向左侧倾倒，在将要倒地的瞬间迅速以两手及左手前臂主动拍击地面，左腿伸直在前，右腿屈膝，脚尖点地在后。

动作要领：注意腿、臀、手臂保持着力点平均。面对的威胁越大，手部离头部的位置越近。这是为了更好地保护要害部位，同时有利于实施有效的控制。

a   b

c   d

图 7-13 侧倒（a、b、c、d）

（四）前扑

动作说明：两脚开立与肩同宽，屈膝半蹲，两臂后摆，上体前倾，两脚蹬地，向前跃出，同时两臂前摆，掌心向下，曲臂，以两掌、小臂及两脚内侧着地支撑，两腿分开，与肩同宽，躯干和两腿平直悬空，抬头。

动作要领：跃起要有高度，躯干和两腿要挺直。

a   b

c   d

图 7-14 前扑（a、b、c、d）

第三节　警察戒备训练

一、安全状态下的戒备式

安全状态下的戒备，实则是隐蔽状态下的戒备，警察执行警务时不能因为处置对象为普通群众或者表面服从、配合的犯罪嫌疑人而放松警惕，要时刻保持戒备。但是在相对安全的情况下，警察不要因为戒备而表现得过于紧张，应做到内紧外松，也就是内心保持高度戒备，表面上从容、自然、松弛、得体。适合于安全状态下的戒备式如下。

（一）侧身戒备

动作说明：安全状态下，警察保持自然得体的隐蔽防御姿势。

动作要领：自然站立；两腿稍曲，身体重心落两脚之间，上体稍右转，躯干整体与正前方向呈 45 度角，头正对对方，下颌内收护住咽喉；上体自然前倾，两手自然下垂，两肘微屈贴于身体两侧，目视前方，神态要自然，保持戒备状态，全神贯注于目标的一举一动。强调自然松弛、双腿微曲，站立时膝关节保持一定弹性，躯干与正前方角度适中。

图 7-15　侧身戒备

（二）搭手戒备与扶带戒备

动作要领：搭手戒备时，弱手在上轻握强手手腕，强手在下置于腹前，两肘微屈贴于身体两侧，两手小臂微上抬。注视目标，神态要自然，保持戒备状态，全神贯注于目标的一举一动。扶带戒备时，双手放置外腰带（单警装备）上，双手小臂随时感知武器或者警械，目视前方。双手搭于腹前，强调护住小腹及裆部要害，其他同上。

实战应用：安全状态下，警察保持自然得体的隐蔽防御姿势。

图 7-16　搭手戒备　　　　　　　　图 7-17　扶带戒备

二、察觉到潜在威胁时及遇到对抗袭击时的戒备式

警察在盘查、搜查、强制传唤等执法行动中，在面对较低级别的潜在威胁处置等勤务时，遇对方口头不服从、情绪激动，有语言和行为上的威胁，甚至有向警察不断逼近行为，或发现对方有迹象表明其具有潜在的威胁行为时，警察应视威胁强度的高低，及时做好徒手防护准备或者使用警械与武器的准备，必要时立即警告，以提前排除、解除、避免危险的发生。

（一）合肘戒备（抱臂戒备）

动作要领：自然站立；两腿稍曲，身体重心落两脚之间，上体稍右转，躯干整体与正前方向呈45度角，头正对对方，下颌内收护住咽喉；右手抱于胸腹前，左手臂屈臂再上，双臂叠加（不可缠抱），并能随时做出防守、推开对方的防御动作（左手也可假作揉鼻、摸脸），双眼注视目标，保持高度戒备状态。另外，在警告、制止其具有潜在威胁的行为时，右手保持戒备，左手可以做指示性动作配合语言控制，并随时做好移动及武力升级的准备。

实战应用：警察对处置对象进行法律告知、劝导、警告时，为了防备其突然攻击，同时又为了避免过大的防御反应进一步刺激对方、激化矛盾、引起难以控制的局面，采用一种将双臂护于身前，既能保证较高的防护级别，又相对隐蔽、自然得体的巧妙的戒备姿势。

图 7-18　合肘戒备

（二）提手戒备

动作要领：自然站立；两腿稍曲，身体重心落两脚之间，上体稍右转，躯干整体与正前方向呈 45 度角，头正对对方，下颌内收护住咽喉；双手提起，置于人体中线之上，双臂以"八字掌"前伸，大、小臂夹角约 90 度，掌心略向前，弱手在前，强手在后，双眼注视目标，保持高度戒备状态。

实战应用：提手戒备是警察执法、面对顽强抵抗或暴力攻击时，将双手抬高，进行严密防守并实施控制的戒备式。这是警察最高级别的戒备状态，也是警察戒备姿势的训练重点，同时是警察面对最大威胁时进行有效防御、化解攻击并实施各种控制技术的外在形式。提手戒备能够给对方以心理压力，结合防守技术，使对方颇有信心的攻击被轻易化解，从而使其信心受挫，起到有效的震慑作用。使用攻击性警械与武器时的戒备是提手戒备的升级，只是将强手变为了握持警棍或武器。

a　　　　　　　　　　　　　　　b

图 7-19　提手戒备（a、b）

第八章

Chapter 8

警察体育运动伤防护及处置方法

第一节　运动防护概述

运动员是运动场上的主体，当运动员发生伤病后无法参加比赛时，他（她）们身上的诸多价值将无法实现，甚至会产生负面影响。我国许多优秀运动员，如李宁、姚明、刘翔和程菲等都曾遭受过运动伤害的袭扰。在社会体育和学校体育领域，运动伤害是一个不容忽视的问题，因此，在体育活动中做好防护工作非常重要。

一、运动防护的概念

法国启蒙思想家伏尔泰认为生命在于运动，但运动是把双刃剑，在促进人体健康、增强人的体质的同时，也可能给人们带来伤害。有着数千年历史的古希腊花瓶上的图案显示：在古代奥林匹克运动中，就有专人负责运动员的损伤防护，用专业手段来预防体育活动中的伤病问题。

经中国体育科学学会运动医学分会运动防护专科委员会的研究，并考量实际工作的内容，同时避免与教练员混淆，我国正式确认该专业名称为"运动防护"专业，从事该专业的人员称为"运动防护师"。我国较早开展运动防护专业的台湾地区则使用"运动伤害防护员"来称呼从业人员。不过近年来我国台湾地区的从业人员也倡议将其名称改为"运动防护师"。

二、运动防护的内容

运动防护的内容涵盖运动中的伤害预防与照护。国际上一般认为，运动防护所涉及的领域主要包括运动损伤和疾病的预防、评估、急救、治疗及康复等。我国国家职业分类大典中，将"运动防护师"描述为：在体育活动中，从事运动损伤和疾病的预防、评估、急救、治疗及康复的专业人员。其主要工作任务是：①评估运动损伤和疾病等内外部风险。②制订与实施运动损伤和疾病的预防措施。③进行运动损伤和疾病的现场急救。④评估与治疗运动损伤和疾病。⑤指导运动损伤和疾病的康复。⑥开展运动防护宣传教育与管理。

在这个既强调专业分工、又重视专业整合的时代，并不是要求每个学员都必须成为运动防护师，而是要求从事警体学习的学员都必须具备科学训练的理念。唯有科学地运动锻炼，才能达到预防伤病和强身健体的目的。

三、运动伤害的成因

导致运动伤害的原因有多种。曲绵域主编的《中国医学百科全书：运动医学》、曲绵域、高云秋等主编的《实用运动医学》将运动伤害的成因归结为训练水平不够，比赛、教学或训练课组织不好，运动员的生理状态不良及不良的气候因素等。其中，比赛、教学或训练课组织不好还可细分为缺乏医务监督，不遵守训练原则；缺乏保护，竞赛组织安排不当；场地器材、保护服装的损坏或不符合卫生要求。黄利山主编的《运动员伤病防护与体能训练科学保障应用指南》将运动伤害的成因归结为锻炼水平不够、运动负荷安排不合理、违反运动卫生原则、思想与心理因素、运动场地与设备器材不良和自然环境的影响。

综合众多学者的观点，一般认为，运动损伤可归纳为 10 大原因：①运动方式不合理。②运动过量、过劳。③运动前身心疲劳。④紧张或精神不集中。⑤热身与伸展不够。⑥技巧不熟练或错误。⑦场地、装备有缺陷。⑧环境不适合。⑨有意或无意的犯规。⑩其他意外事件。

四、运动防护过程模式

（一）运动保健的"三段五级"

借鉴公共卫生与流行病学领域中伤病预防的"三段五级"，即三级预防的思想，可以有效地把握运动伤病的全过程。人体从健康到死亡，运动保健的层级不断递进，分为初、中、末三段以及健康促进、特殊防护、早期诊断、降低损害、治疗康复五级。在不同的阶段，要进行不同的预防。初段预防是在伤病发生前防患于未然，避免出现伤病；中段预防是在疾病的潜伏期进行控制，减少伤害程度；末段预防则是在发病后进行补救。

初段预防首先是促进健康，随后是对危险因子进行特殊防护；中段预防是要早期诊断，并降低损害；末段预防则是进行治疗与康复。在实际应用中，由于无法确知个体的健康状况，因此运动防护并不是由初段预防开始，而是由中段预防的早期诊断展开，先进行风险与伤病辨识，确认个体所处的预防位置，然后再开始疾病预防与健康促进的工作。如果有问题，经过评估和处理以及急救照护，开始治疗康复、体能调整。如果只是有风险，或是治疗康复完毕，那就可以采用特殊防护的预防手段，开始健康促进、挑战极限。

（二）运动防护过程模式

延续运动保健"三段五级"的思路，可以将运动防护主要涉及的工作依进行的顺序汇整为运动防护过程模式，依序进行早期诊断、特殊防护、健康促进。如果未发生伤病，则重复这个循环；如果发生伤病，则进行降低损害、治疗康复的流程。

五、运动防护的实施过程

（一）运动前的防护

运动防护首先应强调预防，运动前应尽可能从个人因素到环境因素、由内至外地消除所有可能导致运动伤害的风险因素。依据运动防护过程模式，运动前应该做好早期诊断与特殊防护。

1. 早期诊断。早期诊断包括身体检查与体能评估两部分。身体检查类似于医学体检，用来排查一些疾病与旧伤；体能评估则用来排查一些身体运动的障碍与风险。在身体检查中，除了一般常规的医学检查，如血检、尿检外，还应特别考虑运动心电图与骨骼肌检查，骨骼肌检查时，可考虑加入选择性功能动作检查。特殊检查尤其应注意专项运动技术与伤病之间的关系，例如，棒球运动员或标枪运动员因过早转身而易使肘关节内侧产生损伤，跳水运动员容易发生视网膜剥离，体操运动员容易发生股骨头坏死。因此，在进行检查时，应该加入相关检查项目。体能评估主要评估基础的健康体能，还有从事体育活动必须考虑的运动体能（亦称为竞技体能）。近年来，运动防护的预防思路从分离走向整合，因此功能性动作筛查（FMS）也日益受到重视，通过功能性动作筛查可找出身体动作中存在的风险。功能性动作筛查不是为了评价分数，而是找出有问题的动作链并加以修正。如果测验中出现疼痛，还必须转介给专业医疗团队进行诊断与治疗。

2. 特殊防护。特殊防护包括身体素质强化、安全教育、运动器械选择、特殊保护措施和运动环境选择等部分，涵盖了主要的运动伤害风险因素。身体素质强化主要是依据体能评估的结果进行肌力、柔韧性和协调性等素质的强化，借以降低损伤风险。例如，加强腘绳肌柔韧性可避免拉伤，加强跌倒技术可以有效减少碰撞倒地带来的运动伤害。运动器械选择是确认设备合适、没有缺陷的重要手段。例如，确认篮球架是否稳固以免倒下砸伤人，检查棒球场防撞墙是否缺失以免撞伤人。特殊保护措施是使用贴扎、护具等手段。例如，跆拳道使用护裆以避免被踢伤下体，骑车戴头盔以避免头部受伤害，打篮球使用护踝以避免重复扭伤等。运动环境选择是要确认环境状况，避免环境的危害。例如，天气炎热、湿度高时，要避免室外运动或加强补水，防止热性疾病发生。

（二）运动中的防护

运动中的防护主要聚焦在运动防护过程模式的健康促进阶段，其中包括三个部分：运动处方与训练计划、拉伸与热身活动、运动训练或竞赛监督。

运动处方与训练计划是运动中损伤防护的第一关，通过科学训练、系统规划、有序执行可以减少意外的发生。虽然训练学课程中反复强调必须合乎超负荷和渐增负荷原则、专门性原则以及个别对待原则等，但这些原则往往在实际训练中被经验取代，既没有分析，也忽视科学，因此导致许多不可控的风险，从而加大了损伤的概率。第二关是拉伸与热身活动。做好拉伸与准备活动，可以减少肌肉拉伤，增强运动中的表现。第三关是运动训练或竞赛监督，密切关注运动训练或竞赛中运动参与者的状态，制止不当行为，察觉异常状况，从而避免伤害的发生。

（三）运动后的防护

运动后的防护主要是采取有效的恢复措施。超负荷工作后的肌肉会出现不同程度的僵硬，引起延迟性肌肉酸痛，同时伴有不同程度的身体姿势和运动能力的改变。超过习惯负荷的肌肉工作会诱发肌肉延迟性收缩蛋白的降解，导致肌肉收缩结构改变，造成肌肉上的"条索"，这些"条索"未必会完全随时间而自然恢复，有可能形成隐患。

虽然肌肉的结构和功能遵循"用进废退"的原则，但也要重视超负荷后出现的肌肉收缩结构改变的情况。运动防护师要根据个体的承受能力调整后续安排，特别在肌肉还未形成稳定的病理性改变的过程中，适度运动、劳逸结合可有效避免肌肉损伤。即使是强度很小的肌肉工作，长期的重复也会使肌肉变得僵硬，如长期伏案书写者或长期使用电脑者会出现颈椎肌肉僵硬和疼痛，长期开车者或只能仰卧在床者都会感到腰疼等。

卢鼎厚研究发现，可以通过阿是穴斜刺松解这些"条索"，但实际上，这种侵入性治疗只适合医师操作。在临床实践中，罗有明的指针法和静态拉伸法也有良好的恢复效果。静态拉伸没有技术与设备的限制，简便易学，更适合运动后使用。针对有旧伤的部位，运动后可以用冰敷或按摩来减少肿胀、发炎，平时则可以用热敷来促进循环，加强代谢恢复。

六、运动伤害的应对策略

一旦发生运动伤害，其应对策略分为降低损害与康复治疗。

（一）降低损害

降低损害包括启动应急预案与现场急救处理。制订应急预案是为了减少危害的后果，即一旦发生意外，可以提供及时、有效的处理。应急预案主要包括在赛会期间提供充足的医疗服务（人员与设备），为运动员提供充足的场上急救措施。应急预案的重点在于人与物到位，并且经过演习，验证预案可行。在内容规划与人员培训方面，必须包括应急评估、呼吸与循环维持、包扎与固定等急救技术，轻微运动损伤的"PRICE"原则以及伤患搬运的技术与转诊后送计划。

（二）康复治疗

康复治疗包括医师诊断、接受治疗以及体能康复。医师诊断与接受治疗一般都在医疗院所进行。在严重损伤个案中，选择合适的医院进行适当的治疗，对损伤者十分重要。医师判断是否需要进行手术、选择哪种手术方案等。物理治疗一般包括仪器治疗（Modality Therapy）、手法治疗（Manual Therapy）和动作治疗（Movement Therapy），由于三个英文单词的开头字母皆为"M"，所以也简称为"3M"。医院的物理治疗工作由物理治疗师或物理治疗助理执行，离开医院回到运动队后，有可能由运动防护师执行。体能康复，亦称为体能调整或体能重建，是伤后处理中极为重要的部分，如果伤者没有经过充分的康复，回到运动场后，很容易再度发生损伤。因此，伤者必须通过重返运动场前的评估，并确认在他们重返赛场之前有适当的医疗措施。

第二节　运动损伤的概念

一、广义与狭义的运动损伤

广义的运动损伤泛指在体育运动过程中发生的各种伤病，而狭义的运动损伤是指运用特殊技术或训练造成的特殊伤病。

就广义的运动损伤而言，如跑步锻炼时踩到坑而导致足踝扭伤与跑步时被动物咬伤都算运动损伤。广义的运动损伤提醒我们，在体育运动过程中有许多风险，可能发生各种意外，应该做好内部与外部的风险管理，以降低运动损伤发生的概率。

就狭义的运动损伤而言，只有像打篮球扭伤脚、踢足球被人踢伤腿、跳水运动员视网膜脱落等这些跟运动项目技术有关的伤病才算是运动损伤，而我们也常常称这些伤为"技术伤"。狭义的运动损伤提醒我们，各个运动项目都有其特定的高风险损伤，在训练与比赛时都应该针对这些特定的风险进行防护。

在理解广义与狭义的运动损伤概念时，应重点思考如何预防运动项目风险和参与者自身与环境所带来的可能风险。

二、急性与慢性的运动损伤

划分急性运动损伤与慢性运动损伤的主要依据是损伤形成时间的长短。急性运动损伤是指一次外力或内因造成的组织破坏，慢性运动损伤则是指长期微小损伤累积的伤害。

损伤的形成往往伴随着压力、张力或剪切力的作用，这在急性运动损伤中更为明显。在跆拳道运动中，踢在身上产生的压力可能造成挫伤，跌倒时手撑地使关节过度伸展的张力可能造成肌肉拉伤或韧带扭伤；在篮球运动中，做运球变向切入的动作，在膝关节产生的剪切力可能造成半月板损伤。由于急性伤害与力的关系密切，因此使用护具等防护手段十分必要。慢性运动损伤主要是由于反复长时间的磨损、压迫与拉扯造成的伤害，如果缺乏有效的养护与恢复，容易造成肌肉、肌腱、滑囊及骨骼的伤害。这些伤害经常发生在肌力和柔韧性不平衡及运动过度的运动参与者身上。由于慢性损伤与身体素质和恢复状况有较大关系，因此要注意基础的体适能状态，还要重视运动后适当的恢复。在理解急性与慢性运动损伤概念时，应重点把握如何在运动前与运动中采取有效的防护措施，以及运动后的恢复措施。

三、原发与续发的运动损伤

原发性运动损伤是指运动直接造成的伤害，继发性运动损伤是指原发性运动损伤未妥善处理引发的损伤。

原发性运动损伤比较容易理解，就是受伤时发生的损伤。例如，打篮球上篮落地时，脚踩在别人脚上，造成脚踝扭伤，距腓前韧带部分撕裂。这时会有出血与组织损伤发生，出现血肿，并开始结痂。随后出现的续发反应有肿胀、组织缺氧性坏死和瘀血。这些因素都会影响血肿与结痂的程度，也就是我们说的发炎，这个过程一般发生在受伤开始的 2~3 天内。

续发损伤可以从两个层面来看：第一个层面是原发伤害没有适当处理，造成组织缺氧性坏死与肿胀区域扩大，甚至因为处理不当而伤上加伤。第二个层面是忽视治疗、康复与体能的调整，因代偿动作而诱发新问题。例如，右脚踝扭伤后，将重心移至左脚，一段时间后，左膝不堪负荷而出现不适，久而久之，发现腰也开始不舒服。

第三节 警体锻炼中常见生理反应及运动损伤的分类与处理

一、警体锻炼中常见生理反应及其处理

（一）延迟性肌肉酸痛

延迟性肌肉酸痛是指机体进行大强度训练后，特别是进行大强度的离心训练或进行新的不习惯的练习之后的一段时间，参与运动的肌肉所出现的酸痛现象。

1. 临床表现。一般在运动后 24 小时内出现肌肉僵硬、酸痛，感觉酸痛部位肿胀、有压痛，多发生于双下肢主要伸、屈肌群，而肌肉远端和肌肉与肌腱移行处常常症状较重，严重者则全身肌肉发生疼痛，且以腹肌为主。运动后 24 小

时~48 小时内，酸痛达到高峰，之后可自行缓解，5~7 天后消失。

2. 处理。①热敷。在患处用热毛巾热敷 15 分钟左右。②伸展状态下的静力牵张，即患部关节伸直，慢慢拉长受伤肌肉，牵拉 2 分钟后休息 1 分钟，重复进行几次。③按摩。主要采用揉捏法，即将掌心及各指紧紧贴于酸痛部位皮肤，拇指与其余四指相对用力，开始时动作要轻，适应后逐渐加重，结束前放松。④口服维生素 C。维生素 C 能促进胶原蛋白的形成，提高免疫力，有助于肌肉酸痛的恢复。⑤理疗。进行理疗按摩，缓解肌肉酸痛。

3. 预防。①循序渐进，把握运动强度及运动量的渐进性原则。②降低训练环境的温度，尤其要避免在炎热的气温条件下进行高强度的肌肉离心性工作练习。③高强度力量练习后，对主要工作肌肉进行推拿按摩。

（二）极点和第二次呼吸

1. 极点。剧烈运动时，由于运动开始阶段内脏器官的活动满足不了运动器官的需要，氧债不断积累，大量乳酸性代谢产物堆积在血液中，引起呼吸循环系统暂时失调、机能下降，出现呼吸困难、肌肉酸痛、动作迟缓、胸闷难忍、下肢沉重和运动能力不足等现象，这种现象在运动生理学上称为极点。

2. 第二次呼吸。极点出现后，若适当降低运动速度并有意识地加深呼吸，上述生理反应将逐渐缓解与消失，随后人体机能的惰性被克服，氧供应增加，各器官系统的机能活动开始进入一种稳定状态，此时呼吸变得均匀而沉稳，动作感到轻快，很多不舒适的感觉会消失。这种现象在运动生理学上被称为第二次呼吸。

极点和第二次呼吸是长跑运动中常见的生理现象，坚持经常锻炼，极点现象是可以延缓和减轻的，只有在锻炼中不断克服极点，人体机能才能逐步得到提高。

（三）肌肉痉挛

肌肉痉挛俗称抽筋，是肌肉不自主的强直性收缩。它是运动中较为常见的一种症状，尤其是在田径、游泳、足球等一些时间长、强度大的运动项目中，发生率较高。

1. 临床表现。运动中最易发生痉挛的肌肉是小腿腓肠肌，其次为足底的屈跖肌和屈趾肌。肌肉痉挛的临床表现为：①痉挛的肌肉僵硬或隆起，疼痛难忍。

②痉挛肌肉所涉及关节的伸屈功能有一定障碍。③痉挛缓解后，局部仍有酸痛不适感。

2. 处理。①牵引痉挛肌肉，如腓肠肌痉挛，可伸直膝关节，同时用力将踝关节背伸；屈跖肌和屈趾肌痉挛，可用力背伸踝关节和足趾。牵引时用力宜均匀、缓慢，切忌用力过猛。②配合局部按摩，一般几分钟后即可缓解。

3. 预防。预防肌肉痉挛的办法有：①经常参加体育运动，提高身体素质。②运动前做好充分的准备活动。③根据自身的实际情况，合理安排运动量。④冬季锻炼注意保暖，夏季运动注意加强电解质的补充。⑤机体饥饿或疲劳时不宜参加体育活动。

（四）运动性晕厥

由于脑部一时性血液供给不足或血液中化学物质变化而导致突然发生的一时性知觉和行动能力丧失的现象，称为运动性晕厥。运动性晕厥多发生于大强度训练或激烈比赛中、比赛后。

1. 临床表现。在运动中或运动后突然出现一般性知觉丧失及昏倒；发生前，会感到全身无力、头昏耳鸣、眼前发黑、面色苍白、恶心、出虚汗等；昏倒后，会出现皮肤苍白、四肢发凉、脉搏细弱等症状。一般经短时间休息后神志可恢复。

2. 处理。①立即平躺，抬高下肢，安静，保暖。②进行由小腿至大腿的重手法推按或揉捏，同时用手指掐按人中、合谷、百会。③如有呕吐，应将头偏向一侧，以免因舌头后坠或呕吐物堵塞气道而妨碍涌泉等穴位。④如呼吸停止，应立即做人工呼吸。如伴有心跳停止，应同时进行胸外心脏按压。⑤如神志不能迅速恢复，应立即送医院处理。

3. 预防。预防运动性晕厥的办法有：①坚持体育锻炼，提高心血管功能。②发生过晕厥者应做全面检查，并避免剧烈运动。③久蹲后要慢慢地站立，疾跑后应继续慢跑，并做深呼吸。④剧烈运动后，应休息约半小时后再洗澡或淋浴，立即淋浴有可能造成心肌缺血，心排血量减少。⑤如有晕厥先兆，应立即平卧。

（五）运动中腹痛

运动中腹痛是指由于体育运动而引起或诱发的腹部疼痛。它是运动中常见的一种症状，尤其在长跑中发生率较高。运动中腹痛多发生在运动过程中或运动结束时，以右上腹疼痛为常见，男运动员发生率高于女运动员。引起运动中腹痛的原因，大致可分为腹腔内疾患、腹腔外疾患和原因不明但与运动有关的运动性腹痛三类。

1. 处理。一般只要减慢运动速度，加深呼吸，按压疼痛部位或弯腰跑一段距离，疼痛即可减轻，直至消失。若这样处理后疼痛没有减轻，反而加重，就应停止运动，口服止痛药，针刺或用手指点揉内关、足三里、大肠俞等穴位。若以上措施均不见效，则应请医生诊治。

2. 预防。①循序渐进，把握运动训练和体育健身活动的运动强度及运动量的递进性原则。②加强全面身体训练，提高生理功能水平。③膳食安排应合理，饭后须经过一定时间（1.5小时左右）以后才可进行剧烈运动；运动前不宜过饱或过饥。④充分做好准备活动，运动中注意呼吸节律，中长跑时要合理分配速度。

二、常见运动损伤的分类与处理

（一）水泡与伤口的处理

1. 水泡的处理。水泡是皮肤的外层与内层间异常的组织液蓄积所形成的小水袋，是许多运动项目中常见的损伤。

皮肤常因受到运动鞋（如跑步、滑雪、滑冰等运动鞋）或运动器械（如网球拍、刀棍、体操器械等）的摩擦而产生水泡，挤压、摩擦、潮湿和相对的高温都可引起水泡。运动中因出汗，足底摩擦力增大，最容易引起水泡。虽然水泡不是一种高温引起的烫伤，但如果皮肤温度增高，足部产生水泡的速度就会加快。

皮肤磨损较多处可出现透明或红紫的水泡，受损处疼痛、湿热、有刺痛感，水泡破裂处有液体渗出。水泡处理不当会有发生感染的风险，并引发疼痛，所以正确处理很关键。一般应该用干净的温水清洗未破的水泡，避免水泡破裂。较大的水泡，可由医务人员处理，轻轻将水泡内液体挤出、消毒，垫上无菌纱布并包扎。如果水泡弄破形成开放性创伤，就要由医务人员进行消毒、包扎，避免发生感染，注意保留泡皮，切忌剪去泡皮，否则会增加疼痛和感染风险。

运动时应穿着合适的袜子和运动鞋，鞋的尺码要合适，穿上后最好有一个大拇指宽的虚位。使用滑石粉减少手和器械的摩擦可以有效地避免产生水泡，正确的技术动作也有助于减少水泡的发生。

2. 伤口的处理。皮肤损伤是软组织损伤的一种，伤口与外界相通，容易引起出血和感染。下面分别介绍最常见的擦伤、切伤、刺伤和撕裂伤等。此类损伤的处理原则是及时止血、处理伤口、预防感染，先止血然后再处理伤口。

（1）擦伤。擦伤（abrasions）是指机体表面与粗糙的物体相互摩擦而引起的皮肤表层损伤，如跑步、踢球中摔倒，造成皮肤擦伤。通常擦伤的特征是伤口浅、面积大、边缘不整、表皮脱落、点状出血、有组织液渗出。无感染时，伤口因易干燥结痂而愈合。处理方式是用生理盐水清洁伤口，再敷药并覆盖伤口。伤口感染后易化脓，有较稠的渗出液，应尽快就医。

（2）穿刺伤。穿刺伤（punctures）是指被尖锐细物刺穿皮肤及皮下组织器官造成的损伤。穿刺伤的伤口细小，但较深，可能伤及深部组织或器官，或者将异物带入伤口深处，容易引起感染。例如，田径运动中，鞋钉与标枪造成的穿刺伤。穿刺伤往往需要送医院处理，在急救时需注意不可拔出穿刺物，以避免引发大出血或切断神经或血管。

（3）撕裂伤。撕裂伤（lacerations）是指身体受钝性暴力撞击引起的皮肤、皮下组织撕裂，易发生在皮薄肉少的部位，通常为锯齿状，比擦伤深且容易持续出血。运动中头部出现撕裂伤最多，约占整个撕裂伤的61%，其中额部和面部居多。例如，篮球运动中，眉弓被对方肘部碰撞即可引起眉际裂伤。处理时注意检查伤口，观察污染情况，判断是否有骨骼、神经、血管、肌腱等组织的损伤。头部疑似骨折时，不可使用直接加压止血法，以避免造成更严重的伤害。较浅、较小且干净的伤口，可在清洁伤口后用创可贴或消毒纱布覆盖。较大、较深且不洁的伤口，应现场加压包扎后送医院进行清创、止血和缝合。

（4）切割伤。切割伤（incisions）是指锐器切入皮肤及皮下组织所致的损伤。切割伤的伤口多呈直线状，边缘整齐，周围组织损伤较轻，出血较多，特别是切到动脉时。通过简单的标准作业程序和彻底进行设施与设备的检查可以避免大部分切割伤。

（5）撕脱伤。撕脱伤（avulsions）是在剧烈摩擦或拉扯下，皮肤等组织被完整地拉扯并剥离。例如，骑车跌倒连皮带肉被翻起、耳垂末端连着耳钉被撕开、手指皮肤连同戒指被扯开。因此，运动中禁止佩戴首饰，应配合运动项目特性穿戴相应护具，从而避免运动伤害。

（二）软组织损伤的处理

软组织是指人体的皮肤、皮下浅深筋膜、肌肉、肌腱、腱鞘、韧带、关节囊、滑膜囊、椎间盘和周围神经血管等组织，这些组织在运动中因各种急性外伤或慢性劳损等原因造成病理损害而出现损伤，统称为软组织损伤。根据损伤后皮肤、黏膜的创口是否和外界相通，分为开放性损伤和闭合性损伤两大类。前面介绍的伤口处理即为开放性损伤。

闭合性软组织损伤是指局部皮肤或黏膜完整，无裂口与外界相通，损伤时的出血积聚在组织内。这类损伤通常是因为软组织受钝力作用，肌肉猛烈收缩，关节活动超越正常范围或劳损等引起。常见的闭合性软组织损伤有挫伤、肌肉拉伤、关节韧带扭伤、滑囊炎和腱鞘炎等。

闭合性软组织损伤的处理原则应按不同的病理过程分期进行处理。早期的处理原则是制动、止血、消肿、镇痛和减轻炎症；中期的处理原则是改善伤部血液、淋巴循环，促进淤血、肿胀吸收和组织修复；后期的处理原则是增强和恢复肌肉及关节功能。

1. 挫伤。挫伤（contusions）也称硬伤，指人体某些部分遭受钝性暴力作用而引起该处及其深部组织的闭合性损伤，组织和微血管受损且有体液和血液流失的现象，一般会出现疼痛、变色和肿胀等症状。例如，在足球、篮球运动中，运动员相互碰撞致伤或被对方踢伤，在体操、武术运动中，人体与器械撞击致伤或被器械击伤等都属于挫伤。最常见的挫伤部位是大腿与小腿前部，其次是头、脑、腹部及睾丸的挫伤。

一般在皮肤上的挫伤并无大碍，急性期进行冰敷或按摩处理，必要时可加衬垫压迫，以弹性绷带包扎，之后采取热敷来消肿化瘀。但如果撞击到骨骼、肌肉则会造成功能丧失。若是单纯肌肉挫伤，轻者局部仅有疼痛、压痛、肿胀和轻度功能障碍，重者会因皮下出血形成血肿或瘀斑，疼痛和功能障碍都较明显，血肿严重者会出现波动感。少数病例挫伤部位会续发感染和化脓。大面积的肌肉挫伤与撞击脑、心、肝、脾、肺、肾的内脏损伤则可能致命，需要送医院处理。复杂性（混合性）挫伤伴有并发症时，会出现全身症状或某些特殊体征，如头部挫伤会出现脑震荡症状，或出现剧烈头痛和喷射性呕吐等颅内高压的症状；胸壁挫伤会出现呼吸困难以及血胸和气胸等症状；腰腹部挫伤合并内脏损伤会出现休克症状，股四头肌、腓肠肌严重挫伤，会引起肌肉断裂而出现肌肉断端隆起，断裂部明显凹陷等。有时继发钙质沉着骨化，X 射线拍片时，肌组织中出现骨样阴影，临床上称为骨化性肌炎。严重的挫伤，有时会妨碍血液循环，引起局部肌肉的缺血性挛缩，其早期症状是肢体末端的青紫肿胀、麻木、发凉和运动障碍。三周后症状消失，但手或足逐渐挛缩于屈曲位。

2. 肌肉拉伤。肌肉拉伤（strain）是由于肌肉主动强烈的收缩或被动过度的拉长所造成的肌肉微细损伤、部分撕裂或完全断裂。在体育运动中，以大腿后群肌肉的拉伤最为常见，大腿内收肌、腰背肌、腹直肌、小腿三头肌和上臂肌都是肌肉拉伤的好发部位。

肌肉拉伤在运动损伤中最为常见，下列情况常会导致肌肉拉伤：

（1）由于准备活动不当，某部位肌肉的生理机能尚未达到适应运动所需的状态。

（2）训练水平不够，肌肉的弹性和力量较差，或不平衡、不协调。

（3）疲劳或过度负荷，使肌肉的机能下降，力量减弱，协调性降低。

（4）错误的技术动作或运动时注意力不集中，动作过猛或粗暴。

（5）气温过低，湿度太大，场地或器械的质量不良等。

近年来研究发现，大腿前后肌肉力量不平衡，左右侧同名肌力量不平衡，则弱侧容易受伤；多关节肌因其运动协调能力低，也容易发生拉伤。在完成各种动作时，肌肉强烈的收缩超过了肌肉自身的负担能力，或突然被动的过度拉长，超过其伸展性时，都可发生拉伤。如举重运动弯腰提杠铃时，骶棘肌由于强烈收缩而拉伤；在做压腿、劈叉等练习时，突然用力过猛，可使大腿后群肌肉过度拉长而发生损伤。

肌肉拉伤一般会出现损伤肌肉局部疼痛、压痛、肿胀、肌肉紧张、发硬痉挛和功能障碍。当肌肉主动收缩或被动拉长时，疼痛加重，肌肉收缩抗阻试验阳性，即让可能拉伤的肌肉收缩并给它施加一个相反的阻力，若肌肉疼痛加剧或有断裂的凹陷出现则为抗阻试验阳性。如果肌肉完全断裂，受伤当时可感到或听到撕裂声，且肿胀明显，皮下淤血严重，局部可触及凹陷或一端异常隆起。

急救处理采取"PRICE"原则，早期制动、冰敷、加压、包扎，把损伤肌肉置于放松位置以减轻疼痛。就医后，使用止痛药、肌肉松弛剂，外敷新伤药，48小时后开始在伤部做轻推按摩，伤部周围施行揉、捏、搓等按摩手法。开始时手法宜轻，随后用力逐渐加重，并可在伤部进行按摩，点压周围的穴位。肌肉、肌腱完全断裂者，可进行局部加压包扎，固定患肢后，送医院手术缝合。

拉伸练习有助于受伤部位组织重塑，有利于完全恢复其活动能力。平时应加强易伤部位肌肉的力量练习，使屈肌和伸肌的力量达到相对平衡，充分做好准备活动，合理安排运动量，纠正和改进技术和动作的缺点。

3. 关节韧带扭伤。扭伤（sprain）是关节韧带被过度拉伸，甚至撕裂的伤害，压力、扭转、张力都可能导致韧带扭伤。依据其严重程度，可分为一级、二级、三级，亦可称为轻度扭伤、中度扭伤与严重扭伤。轻度扭伤是部分韧带纤维被拉扯，小部分被撕裂，会有轻微疼痛，轻微甚至没有肿胀；中度扭伤则是更多纤维被撕裂，但部分韧带仍然完整，会有疼痛、肿胀，以及部分关节功能丧失；严重扭伤是韧带完全断裂，任何关节动作都会导致疼痛，无法活动关节，关节会整体肿胀起来。

关节是借由韧带连接骨骼而维持基本的稳定性，所以韧带损伤可能导致关节的不稳定。例如，前交叉韧带（ACL）的断裂就容易造成膝关节前移与旋转的不稳定，影响运动中的急停与变向动作，如果不设法改善，还可能引发关节炎等其他问题。再则，韧带被撕裂后可能无法愈合，无法恢复原来的松紧程度，本体韧带损伤的愈合一般需要 6 周～12 周。急性期的处理与肌肉扭伤一样依循"PRICE"原则，之后也可采取热疗促进康复。韧带扭伤时应注意是否发生关节脱位或半脱位的状况，例如，踝关节扭伤可能伴随距下半脱位，脚跟无法踩地，这时就应该寻求专业人员协助复位。在康复中，加强关节本体感觉训练与相关肌群的训练极为重要，可有效预防再次扭伤。

4. 滑囊炎、肌腱炎。滑囊炎（bursitis）是指滑囊的急性或慢性炎症。滑囊是结缔组织中的囊状间隙，是由内皮细胞组成的封闭性囊，内壁为滑膜，有少许滑液，少数与关节相通，位于关节附近的骨突、肌腱或肌肉和皮肤之间。凡摩擦力或压力较大的地方，都可能有滑囊炎存在，常见的滑囊炎有肩峰下滑囊炎、髌骨前滑囊炎等。

滑囊炎可以由损伤引起，部分是直接暴力损伤，有些是关节屈、伸、外展、外旋等动作过度，经反复、长期、持续的摩擦和压迫，使滑囊劳损导致炎症，滑囊可由磨损而增厚。另外，感染病灶所带的致病菌可引起化脓性滑囊炎，以及痛风合并肘关节部位的鹰嘴滑囊炎和膝关节部位的髌前滑囊炎。

急性滑囊炎的特征是疼痛，局限性压痛、红肿和活动受限。关节附近的骨突处有呈圆形或椭圆形、边缘清楚、大小不等的肿块，如为浅部滑囊受累（髌前及鹰嘴），局部化学性或细菌性滑囊炎均有剧烈疼痛，可持续发作数日到数周，且多次复发。慢性者则较轻，由于滑膜增生，滑囊壁变厚，滑囊最终发生粘连。因疼痛、肿胀和触痛，可导致肌肉萎缩和活动受限，患肢可有不同程度的活动障碍，浅表性滑囊可感到有波动感，深部滑囊或因囊内压较高时常不易触及波动，穿刺可抽出黏液或血性黏液。

与造成滑囊炎的机制相似，发生在肌腱上的炎症则称为肌腱炎（tendinosis），可细分为滑膜腱鞘上的腱鞘炎，以及非滑膜腱鞘上的腱围炎或称为准肌腱炎。急性期处理可采取制动、冰敷、佩戴护具和贴扎等措施。送医院处理后，急性期积液多者，可穿刺排除液体，可注射可的松以减少积液再次形成。中后期可理疗、热敷，使用非甾体消炎止痛药，中药外敷及熏洗。在康复方面，应在控制发炎后，加强该处肌肉拉伸，排查与处理肌肉上的"条索"，加强肌力与柔韧性的训练。

（三）关节脱位与骨折的处理

1. 关节脱位。关节脱位也称为脱臼，是指构成关节的上下两个骨端失去了正常的位置，发生了错位，使关节面失去正常的联系。根据脱位的程度可分为半脱位和完全脱位。前者是关节面部分错位，后者是关节面完全脱离原来位置。运动中发生的关节脱位，一般是由间接外力作用所致，肩、肘、下颌及手指关节最易发生脱位，如摔倒时手撑地，可引起肘关节或肩关节脱位。关节脱位的表现大致有三种，一是关节处疼痛剧烈，二是关节的正常活动丧失，三是关节部位出现畸形。

关节脱位后，肢体轴线发生变化，整个肢体常处在一种特殊姿势，并在异常位置摸到移位的骨端。正常关节隆起处塌陷，凹陷处则隆起突出。如肩关节前脱位时出现"方肩"畸形；原来空虚的腋窝处可摸到脱出的肱骨头；原来丰满的三角肌处变塌陷。临床上可分为损伤性脱位、先天性脱位及病理性脱位等几种情形。关节脱位后，关节囊、韧带、关节软骨及肌肉等软组织也有损伤，另外关节周围肿胀，可有血肿，若不及时复位，关节周围可能出现组织粘连，使关节不同程度丧失功能。除以上各种征象外，通过 X 射线检查，可了解脱位的方向和程度，以及有无骨折。

2. 骨折。骨折是指骨结构的连续性完全或部分断裂，多见于儿童及老年人，中青年人也时有发生。患者常为一个部位骨折，少数为多发性骨折。经及时恰当处理，多数患者能恢复原来的功能，少数患者可遗留有不同程度的后遗症。骨折可能发生在暴力直接作用的部位，如足球运动中，运动员的胫骨受到对方足踢而发生胫骨骨折，跪倒时引起髌骨骨折；也可能发生在远离暴力接触的部位，如摔倒时手撑地而发生前臂或锁骨骨折等。

除上述原因外，还可能由于肌肉剧烈地收缩和牵引而发生骨折，如投掷"手榴弹"的出手动作用力过猛，使前臂屈肌群强烈收缩而发生的肱骨内上髁撕脱骨折，跨栏时引起大腿后群肌肉起点部坐骨结节的撕脱骨折等。另外，长时间大运动量训练且缺乏适当恢复，则可能引发疲劳性骨折。疲劳性骨折又称为应力性骨折，多见于在硬地上跑跳过多引起的胫腓骨或足骨疲劳性骨折，以及长时间的负重行军引起的第二跖骨基底部疲劳性骨折等。

在分类上，根据是否有伤口分为闭合性骨折与开放性骨折，开放性骨折容易感染，可发生骨髓炎与败血症。根据骨折线可分为横型、斜型、螺旋型和粉碎型骨折等。根据骨折的程度可分为完全骨折和不完全骨折。

骨折一般会出现肿胀、疼痛和功能障碍，而且可能因此引发休克，严重时可以致死。不完全骨折的功能障碍程度较轻，处理上需特别留意。完全骨折和有移位的骨折，功能完全丧失，还可能因肌肉牵拉或搬运不当，而使断端移位，出现假关节活动，还可能出现重叠或扭转，出现旋转或缩短畸形。有时在检查骨折局部时，用手触摸断端可感到或听到骨擦音，这是因骨断端相互触碰或摩擦发出的声音，检查要慎重，不要有意去寻找骨擦音，以免加重伤情，增加伤员痛苦。骨折还有纵向叩击痛，即在远离骨折处，沿纵轴叩击骨端，骨折处出现疼痛。

畸形、骨擦音、假关节活动三种特殊征象是骨折所共有的征象，未见这三种征象也不能完全排除骨折，如嵌入骨折、裂纹骨折就可能没有这三种征象。最后通过 X 射线检查可确定是否有骨折存在，以及确定骨折类型、性质、骨断端的移动方向等。

关节脱位与骨折的急救原则为防治休克、保护伤口和固定伤处。即在发生脱臼或骨折时，要密切观察，如有休克存在，则首先是抗休克，避免呼吸心跳停滞的危急状况发生。如果有伤口出血，先应止血，包扎好伤口，外露的骨端或骨片不要退回伤口内，以免造成深部感染，再固定脱臼或骨折，减轻伤员的疼痛，避免发生再度损伤，同时便于运转。骨折临时固定前不要无故移动伤肢，为了暴露伤口，可剪开衣裤、鞋袜，针对大腿、小腿和脊柱骨折，应就地固定，以免因不必要的移动而增加伤员的痛苦和伤情。四肢骨折固定时，应将指（趾）端露出，便于观察肢体血流情况。如发现肢端麻木、疼痛、发冷、苍白或发绀时，均表示固定过紧，肢体的血液循环不畅，须立即松开，重新固定。

（四）内脏损伤的处理

在运动中受到猛烈打击、撞击或重压时，内脏有可能受到损伤。这些损伤有可能在数小时后才会出现症状，并且发展成危及生命的状况。常见的内脏损伤有肺部塌陷，内脏神经丛痉挛，脾、肝、肾、睾丸的破裂。内脏损伤极易引起大出血或剧痛而致休克，多见于棒垒球、足球、跆拳道、拳击、自行车和赛车等项目。

当腹部受到较大的直接打击，如球击、足踢、拳击等动作；跌落、扭转或身体的移动突然停止或身体突然扭转时，如奔跑时突然摔倒侧弯；腹部受挤压，如摩托车、赛车出现车祸时，可能使脾、肝、肾等实质性器官遭到外力而损伤。

1. 肺部塌陷。肺部塌陷（collapsed lung）造成的原因包括外力直接撞击肋骨，导致肺部的压迫或撕裂，非损伤的自发性肺部塌陷，以及箭、标枪、断裂的肋骨等锐利物刺穿肺部。发生肺部塌陷时会出现呼吸急促与胸痛等症状，一般可观察到患者胸部有瘀伤或开放性伤口，有类似吸吮的杂音会从胸腔伤口处传来，患者呼吸速率变快。

开放伤口以不透气材料封闭，使患者半坐卧，检测呼吸与循环状况，必要时进行心肺复苏术。预防措施方面，针对射箭、标枪等项目的练习与比赛，加强安全监管，对于接触性运动，则要求佩戴保护肋骨的护具。

2. 内脏神经丛痉挛。内脏神经丛痉挛（solar plexus spasm）是胸骨剑突下方至肚脐上方间的位置直接受到撞击，横膈膜收到太阳神经丛的讯号而痉挛，此时会出现无法呼吸、肋骨下方疼痛等症状，还可能出现暂时的反应迟钝、呼吸吃力或过度换气。例如，篮球防守球员被进攻球员的肩膀顶到心窝的位置可出现上述症状。

急救处理需先安抚伤者，解除影响呼吸的衣物、装备。鼓励伤者放松，先做浅呼吸，再做缓慢的深呼吸。监测患者呼吸与循环状况，如果持续疼痛或几分钟后仍然未改善，需要送医院处理，必要时应进行心肺复苏术。如果有休克、呕吐，或咳出物有血，应怀疑有内脏损伤，也需送医院处理。当患者呼吸循环恢复正常，伤处没有变形与疼痛感时，可允许其重返赛场。在从事接触性运动时穿戴合适的胸前护垫。

3. 脾破裂。脾破裂（ruptured spleen）于身体左上侧腹、肋骨下缘受到直接撞击时，可能造成大量内出血。例如，棒球右打者被触身球击中，受伤后通常可见左上腹伤处瘀青或擦伤，前期会有左上腹疼痛，但该区异常柔软。后期因内出血而出现休克症状，感到头晕、衰弱，疼痛位置转移至左肩或颈部；腹部肌肉僵硬，皮肤苍白、呼吸短促、脉搏浅而快、血压降低，还可能呕吐。

急救处理可采取"PRICE"原则，观察呼吸循环，必要时进行休克处理与心肺复苏术。如果出现上述后期症状，必须立刻送医院处理。如果伤处异常柔软状况持续超过 15 分钟，也应请患者就医。由于脾损伤未完全康复前再次遭到撞击可能造成大量出血，因此没有获得医师确认前不宜重返运动场。在预防方面，除了穿戴合适的护具外，应暂停有脾肿大或单核白细胞增多症的患者上场，直到获得医师许可。

4. 肾撞挫伤。肾撞挫伤（bruised kidney）通常在腰背任意一侧被直接撞击，例如足球或跆拳道运动中被对手踢到腰背。受伤后通常可见腰背伤处瘀青或擦伤，前期会有撞击处疼痛与该区异常柔软。后期因内出血而出现休克症状，感到头晕、衰弱，伤处背部肌肉僵硬，疼痛位置转移至下背、腰、大腿外侧、骨盆前侧；腹部肿胀、心跳加速、皮肤苍白、皮肤温度降低，频尿与灼热感、尿液混浊或血尿，还可能呕吐。急救方式与注意事项与脾破裂相似，可穿戴护具进行预防，例如肾保护垫、防撞衣。

5. 睾丸创伤。睾丸创伤（testicular trauma）的成因是男性下体受到直接撞击，严重时睾丸可能破裂或被扭转而造成供血中断。跆拳道对抗中被踢伤，足球场上被球击中，都可能造成睾丸创伤。发生时一般会感到疼痛与恶心，可要求患者自行检查睾丸是否有肿胀、变色或变形，以及是否出现挛缩。后期要注意是否出现睾丸上移、血尿或尿液混浊，以及呕吐。

急救时先帮助患者找出较舒适的姿势，可协助患者做深呼吸，在仰卧位进行缓慢的髋关节至全腿的屈伸动作。冰敷伤处 15 分钟，如果 20 分钟内疼痛未能停止或出现睾丸上移、血尿、尿液混浊、肿胀、变色、变形，或伤后 1 小时出现异常柔软状况，应尽快就医。即便患者在几分钟内恢复，也需注意后期状况，一旦出现异常，必须就医。

第九章

Chapter 9

警察公务员考核及体质评价标准

第一节　警察公务员体能测试

　　警校学生在毕业招录过程中必须通过体能测试这一环节，现依据 2024 年 2 月公布的《公安机关录用人民警察体能测评项目和标准》，体能测评项目包括 10 米×4 往返跑、1000 米（男）/800 米（女）跑和纵跳摸高，其中，综合管理、执法勤务职位测查全部 3 个项目，警务技术职位免予测查 1000 米（男）1800 米（女）跑项目。凡应测项目中任意一项不达标的，即为体能测评不合格。

　　一、公安机关录用人民警察体能测评项目和标准

　　（一）男子组

表 9-1

项目	标准	
	30 岁（含）以下	31 岁（含）以上
10 米×4 往返跑	≤13″1	≤13″4
1000 米跑	≤4′25″	≤4′35″
纵跳摸高	≥265 厘米	

（二）女子组

表 9-2

项目	标准	
	30 岁（含）以下	31 岁（含）以上
10 米×4 往返跑	≤14″1	≤14″4
800 米跑	≤4′20″	≤4′30″
纵跳摸高	≥230 厘米	

备注：年龄计算时间截止到参加体能测评当月。

二、公安机关录用人民警察体能测评实施规则

（一）10 米×4 往返跑

场地器材：场地为 10 米长的直线跑道，在跑道的两端各划一条 5cm 宽直线（S1 和 S2）。将木块（10cm×5cm×5cm）按每道 3 块竖立摆放（其中 2 块放在 S2 线上，1 块放在 S1 线上），秒表若干块。

组测方法：发令员、计时员、监督员、成绩记录员若干名按组别进行测试，每人最多可测 2 次，1 次测评达标，即视为该项目测评合格。成绩以"秒"为单位，保留 1 位小数，第 2 位小数非"0"时则进 1。

动作要求：受测者采用站立式起跑，听到发令后从 S1 线外跑到 S2 线前（脚不得踩线）用手将竖立的木块推倒后折返，往返跑 2 次，每次推倒 1 个木块，第 2 次返回时冲出 S1 线。

注意事项：测试时有以下任一情况，不计取成绩：①出发时抢跑；②折返时脚踩 S1 或 S2 线；③折返时未推倒木块。

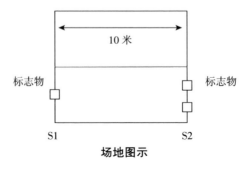

场地图示

（二）男子 1000 米跑、女子 800 米跑

场地器材：400 米标准田径场，发令枪、发令旗、秒表、号码标识若干。

组测方法：发令员、计时员、弯道检查员、监督员、成绩记录员若干名。按组别进行测试，每人最多可测 1 次。计时员看到发令信号开始计时，当受测试者躯干越过终点线时停表。计时员准确计时，记录员负责登记每人成绩。成绩以"分+秒"为单位，不保留小数位。如果小数位非"0"，则进 1。

动作要求：受测者统一采用站立式起跑姿势，在起跑线外听到或看到发令信号时开始起跑，跑完相应距离并越过终点线后视为完成测试。

注意事项：测试时有以下任一情况，不计取成绩：①出发时抢跑；②出发时脚踩线；③途中跑时超越或踩踏最内侧跑道线。

（三）纵跳摸高

场地器材：通常在室内场地测试，起跳处铺垫厚度不超过 2 厘米的硬质无弹性垫子。如选择室外场地测试，需在天气状况许可的情况下进行，当天平均气温应在 15~35℃ 之间。

组测方法：裁判员、监督员、成绩记录员若干名。按组别进行测试，每人最多可测 3 次，1 次测试达标，即视为该项目测试合格，3 次均未达标者视为不合格。成绩仅为"合格"或"不合格"两项。

动作要求：受测试者赤脚或穿袜，双脚自然分开，呈站立姿势。接到开始测试指令后，受测者屈腿半蹲，双臂后摆，随后双脚蹬地垂直向上起跳，同时双臂向前上方快速摆动，举起一侧优势手触摸合格高度的目标物，触摸到相应高度者视为合格。

注意事项：测试时有以下任一情况，不计取成绩：①起跳时双腿有移动或有垫步动作；②手指甲超过指尖 0.3 厘米；③戴手套等其他物品；④穿鞋进行测试。

第二节　实施《国家学生体质健康标准》

体质健康测试就是以客观、有效和切实可行的项目指标，用准确而又经济的

测量手段以及严密的测试方法，从若干方面对人的体质特征进行测量的过程。通过测量，可获得能反映体质基本状况的、有代表性的、可靠的原始数据资料，为进一步研究和评价体质提供第一手材料，使体质这个抽象而复杂的要素具体化、数据化和标准化。评价就是依据所收集的定性和定量的数据资料，按照科学的评价理论、标准和方法评定具体对象和体质优良与否的过程，其中包括反映体质的某一方面的单项评价与全面反映体质水平的多项综合评价。《国家学生体质健康标准（2014 年修订）》（以下简称《标准》）是教育部和国家体育总局研制的符合"健康第一"指导思想的标准，其同样适用于普通高等警察院校。

一、实施《标准》的意义

（一）贯彻落实"健康第一"的指导思想

学校教育，特别是学校体育直接肩负着"增强全体学生体质"和"促进全体学生健康"的使命。1999 年第三次全国教育工作会议和《中共中央、国务院关于深化教育改革全面推进素质教育的决定》明确指出："健康体魄是青少年为祖国和人民服务的基本前提，是中华民族旺盛生命力的体现。学校教育要树立健康第一的指导思想，切实加强体育工作"。江泽民同志在《关于教育问题的谈话》中也强调，正确引导和帮助青少年学生健康成长，使他们能够德、智、体、美全面发展，是一个关系我国教育发展方向的重大问题。

但是，用"健康第一"的指导思想和素质教育的理念来审视目前所采用的体育锻炼标准和方法，还存在一些不完善的地方或在实际操作上的缺陷，如用身体运动素质的测试指标来反映学生的健康水平是否合理；如何解决体育教学中没什么教什么，教什么练什么的应试教育倾向；如何解决测试项目过于繁杂、重复；以及如何将测试内容的科学性、合理性、可操作性相结合的问题等。

为了解决上述问题，使学生体质健康的评价在学校体育工作中起到正确积极的导向作用，教育部和国家体育总局研制了符合"健康第一"指导思想的《标准》。《标准》作为促进学生体质健康发展、激励学生积极进行身体锻炼的教育手段，是学生体质健康的个体评价标准，也是学生毕业的基本条件之一。因此，它的实施必然会促进学生积极锻炼，不断纠正和改变目前学生体质健康状况出现的突出问题，从而使学生拥有健康的体魄和健全人格，将"健康第一"的指导思想落到实处，充分发挥学校体育在素质教育中的作用。

（二）满足社会发展对人体健康的需要

现代文明在带给人们充分物质享受的同时，也给人类的健康带来了新的威胁。精神紧张、营养过剩、运动不足、环境污染等因素引发的非传染性疾病在全球不断蔓延，处于"亚健康状态"的人群不断地扩大。随着科学研究的不断深入，人们对于健康的要求越来越高，人类对于健康的认识也发生了深刻的变化。在世界卫生组织推动下，健康的新概念在全球得到了传播并日益为人们所接受。人们普遍认识到健康不再仅仅是没有疾病或不虚弱等，而是生理的、心理的健康和社会适应的整体完美状态。这就是生理、心理、社会三维健康观，体育对于促进健康有着不可替代的作用。同时，人们对如何通过体育锻炼提高体质健康水平在理念和认识上也有了进一步的提高，在手段和方法上也有所改进和创新，在测量与评价方面也发生了一些新的变化。《标准》的实施将促进学生体质健康的测量与评价工作更加科学化、简洁化和实用化，将更加符合我国的国情和社会的发展，并具有更强的可操作性。《标准》中选择的测试内容，突出了对发展和改善学生健康有直接影响且关系密切的身体成分、心肺循环系统功能、肌肉力量和耐力以及柔韧性，体现了现代社会对健康的具体要求，从而满足社会发展对于体质健康评价的要求。

（三）发展并完善学生体质健康评价体系

《标准》是在认真总结了《国家体育锻炼标准》《大学生体育合格标准》《中学生体育合格标准》《小学生体育合格标准》执行过程中所取得的成绩和存在的问题的基础上，根据学生体质调研所反映出来的体能素质和心肺功能下降、近视眼患病率增高等现状，并参考国际上有关研究的成就经验和先进做法，建立起来的以健康素质为主要指标的新的评价体系。《标准》的颁布将实现一标多用。一是取代《国家体育锻炼标准》学生部分。《标准》是《国家体育锻炼标准》的组成部分，是《国家体育锻炼标准》在学校的具体实施。在实施《标准》的同时，原《国家体育锻炼标准》的内容不再执行，《标准》测试结果即为《国家体育锻炼标准》测试结果，按原《国家体育锻炼标准》实施办法上报数据。二是取代大、中、小学生体育合格标准。凡已实施《标准》的学校，《大学生体育合格标准》《中学生体育合格标准》《小学生体育合格标准》停止执行。三是可以作为体育课成绩评定中体能部分的参考评价依据。四是可与初中学生毕业升学体育考试的评定紧密结合，作为初中毕业体育考试的重要参考依据。五是与全国学生体质调研的部分指标测试的数据，能够互相兼容。《标准》是激励学生积极进行身体锻炼的教育手段，不是为测试而测试，特别是《标准》采用个体评价标准，能够清晰地看出学生个体差异与自身某些方面的不足，这十分有利于通过测试促进学生积极参加体育锻炼，通过锻炼改善健康状况，促进健康发展。与以往的学生体质评价标准相比，这一评价体系将更加有助于青少年积极参与体育锻炼，成为具有正确的体育意识和健康的生活方式的高素质人才，使学校体育在促进国民健康方面起到应有的作用。

学生体质健康评价是学校体育工作中的重要环节，也是学校教育评价体系中的重要组成部分。正确、合理地对学生进行体质健康评价，对于促进学生体育和教育工作有着重要的意义。《标准》从建立和完善我国学校教育评价体系的目标出发，体现了学校体育的价值，回答了学校体育为什么要以"健康"为本和怎样以"健康"为本的问题，明确"健康"不仅是学校教育和学校体育追求的目标，更是学校体育课程存在的根本。《标准》的实施对我国深化学校体育改革，完善体质健康评价体系，促进全体学生体育素质的提高具有深刻的影响。

二、《标准》的项目、指标及运用

（一）说明

1. 《标准》是国家学校教育工作的基础性指导文件和教育质量基本标准，是评价学生综合素质、评估学校工作和衡量各地教育发展的重要依据，是《国家体育锻炼标准》在学校的具体实施，适用于全日制普通小学、初中、普通高中、中等职业学校、普通高等学校的学生。

2. 本标准的修订坚持健康第一的原则，落实《国家中长期教育改革和发展规划纲要（2010-2020年）》《国务院办公厅转发教育部等部门关于进一步加强学校体育工作若干意见的通知》（国办发〔2012〕53号）和《教育部关于印发〈学生体质健康监测评价办法〉等三个文件的通知》（教体艺〔2014〕3号）有关要求，着重提高《标准》应用的信度、效度和区分度，着重强化其教育激励、反馈调整和引导锻炼的功能，着重提高其教育监测和绩效评价的支撑能力。

3. 本标准从身体形态、身体机能和身体素质等方面综合评定学生的体质健康水平，是促进学生体质健康发展、激励学生积极进行身体锻炼的教育手段，是国家学生发展核心素养体系和学业质量标准的重要组成部分，是学生体质健康的个体评价标准。

4. 本标准将适用对象划分为以下组别：小学、初中、高中按每个年级为一组，其中小学为 6 组、初中为 3 组、高中为 3 组。大学一、二年级为一组，三、四年级为一组。

5. 小学、初中、高中、大学各组别的测试指标均为必测指标。其中，身体形态类中的身高、体重，身体机能类中的肺活量，以及身体素质类中的 50 米跑、坐位体前屈为各年级学生共性指标。

6. 本标准的学年总分由标准分与附加分之和构成，满分为 120 分。标准分由各单项指标得分与权重乘积之和组成，满分为 100 分。附加分根据实测成绩确定，即对成绩超过 100 分的加分指标进行加分，满分为 20 分；小学的加分指标为 1 分钟跳绳，加分幅度为 20 分；初中、高中和大学的加分指标为男生引体向上和 1000 米跑，女生 1 分钟仰卧起坐和 800 米跑，各指标加分幅度均为 10 分。

7. 根据学生学年总分评定等级：90.0 分及以上为优秀，80.0~89.9 分为良好，60.0~79.9 分为及格，59.9 分及以下为不及格。

8. 每个学生每学年评定一次，记入《〈国家学生体质健康标准〉登记卡》（附表 1）。特殊学制的学校，在填写登记卡时可以按规定和需求相应地增减栏目。学生毕业时的成绩和等级，按毕业当年学年总分的 50% 与其他学年总分平均得分的 50% 之和进行评定。

9. 学生测试成绩评定达到良好及以上者，方可参加评优与评奖；成绩达到优秀者，方可获得体育奖学分。测试成绩评定不及格者，在本学年度准予补测一次，补测仍不及格，则学年成绩评定为不及格。普通高中、中等职业学校和普通高等学校学生毕业时，《标准》测试的成绩达不到 50 分者按结业或肄业处理。

10. 学生因病或残疾可向学校提交暂缓或免予执行《标准》的申请，经医疗单位证明，体育教学部门核准，可暂缓或免予执行《标准》，并填写《免予执行〈国家学生体质健康标准〉申请表》（附表 2），存入学生档案。确实丧失运动能力、被免予执行《标准》的残疾学生，仍可参加评优与评奖，毕业时《标准》成绩需注明免测。

11. 各学校每学年开展覆盖本校各年级学生的《标准》测试工作，《标准》

警察体育基础教程

测试数据经当地教育行政部门按要求审核后，通过"中国学生体质健康网"上传至"国家学生体质健康标准数据管理系统"。测试和数据上传时间由教育行政部门确定。

12. 本标准由教育部负责解释。

（二）单项指标与权重

表9-3 单项指标与权重表

测试对象	单项指标	权重（%）
大学 1~4 年级	体重指数（BMI）	15
	肺活量	15
	50米跑	20
	坐位体前屈	10
	立定跳远	10
	引体向上（男）/1分钟仰卧起坐（女）	10
	1000米跑（男）/800米跑（女）	20

注：①体重指数（BMI）＝体重（千克）/身高^2（米^2）。②由于本书的受众学生群体为普通高等警察院校学生，故上表中的"单项指标"与"权重（%）"仅列明大学1~4年级所需指标内容。后文表格同。

（三）评分表

1. 单项指标评分表。

表9-4 体重指数（BMI）单项评分表（单位：千克/米^2）

等级	单项得分	男生	女生
正常	100	17.9~23.9	17.2~23.9
低体重	80	≤17.8	≤17.1
超重	80	24.0~27.9	24.0~27.9
肥胖	60	≥28.0	≥28.0

表9-5 男生单项评分表

等级	单项得分	肺活量（毫升）		50米跑（秒）		坐位体前屈（厘米）		立定跳远（厘米）		引体向上（次）		1000米跑（分·秒）	
		1~2年级	3~4年级	1~2年级	3~4年级	1~2年级	3~4年级	1~2年级	3~4年级	1~2年级	3~4年级	1~2年级	3~4年级
优秀	100	5040	5140	6.7	6.6	24.9	25.1	273	275	19	20	3'17"	3'15"
	95	4920	5020	6.8	6.7	23.1	23.3	268	270	18	19	3'22"	3'20"
	90	4800	4900	6.9	6.8	21.3	21.5	263	265	17	18	3'27"	3'25"
良好	85	4550	4650	7.0	6.9	19.5	19.9	256	258	16	17	3'34"	3'32"
	80	4300	4400	7.1	7.0	17.7	18.2	248	250	15	16	3'42"	3'40"
及格	78	4180	4280	7.3	7.2	16.3	16.8	244	246			3'47"	3'45"
	76	4060	4160	7.5	7.4	14.9	15.4	240	242	14	15	3'52"	3'50"
	74	3940	4040	7.7	7.6	13.5	14.0	236	238			3'57"	3'55"
	72	3820	3920	7.9	7.8	12.1	12.6	232	234	13	14	4'02"	4'00"
	70	3700	3800	8.1	8.0	10.7	11.2	228	230			4'07"	4'05"
	68	3580	3680	8.3	8.2	9.3	9.8	224	226	12	13	4'12"	4'10"
	66	3460	3560	8.5	8.4	7.9	8.4	220	222			4'17"	4'15"
	64	3340	3440	8.7	8.6	6.5	7.0	216	218	11	12	4'22"	4'20"
	62	3220	3320	8.9	8.8	5.1	5.6	212	214			4'27"	4'25"
	60	3100	3200	9.1	9.0	3.7	4.2	208	210	10	11	4'32"	4'30"
不及格	50	2940	3030	9.3	9.2	2.7	3.2	203	205	9	10	4'52"	4'50"
	40	2780	2860	9.5	9.4	1.7	2.2	198	200	8	9	5'12"	5'10"
	30	2620	2690	9.7	9.6	0.7	1.2	193	195	7	8	5'32"	5'30"
	20	2460	2520	9.9	9.8	-0.3	0.2	188	190	6	7	5'52"	5'50"
	10	2300	2350	10.1	10.0	-1.3	-0.8	183	185	5	6	6'12"	6'10"

表 9-6　女生单项评分表

等级	单项得分	肺活量（毫升）		50 米跑（秒）		坐位体前屈（厘米）		立定跳远（厘米）		1 分钟仰卧起坐（次）		800 米跑（分·秒）	
		1~2年级	3~4年级	1~2年级	3~4年级	1~2年级	3~4年级	1~2年级	3~4年级	1~2年级	3~4年级	1~2年级	3~4年级
优秀	100	3400	3450	7.5	7.4	25.8	26.3	207	208	56	57	3'18"	3'16"
	95	3350	3400	7.6	7.5	24.0	24.4	201	202	54	55	3'24"	3'22"
	90	3300	3350	7.7	7.6	22.2	22.4	195	196	52	53	3'30"	3'28"
良好	85	3150	3200	8.0	7.9	20.6	21.0	188	189	49	50	3'37"	3'35"
	80	3000	3050	8.3	8.2	19.0	19.5	181	182	46	47	3'44"	3'42"
及格	78	2900	2950	8.5	8.4	17.7	18.2	178	179	44	45	3'49"	3'47"
	76	2800	2850	8.7	8.6	16.4	16.9	175	176	42	43	3'54"	3'52"
	74	2700	2750	8.9	8.8	15.1	15.6	172	173	40	41	3'59"	3'57"
	72	2600	2650	9.1	9.0	13.8	14.3	169	170	38	39	4'04"	4'02"
	70	2500	2550	9.3	9.2	12.5	13.0	166	167	36	37	4'09"	4'07"
	68	2400	2450	9.5	9.4	11.2	11.7	163	164	34	35	4'14"	4'12"
	66	2300	2350	9.7	9.6	9.9	10.4	160	161	32	33	4'19"	4'17"
	64	2200	2250	9.9	9.8	8.6	9.1	157	158	30	31	4'24"	4'22"
	62	2100	2150	10.1	10.0	7.3	7.8	154	155	28	29	4'29"	4'27"
	60	2000	2050	10.3	10.2	6.0	6.5	151	152	26	27	4'34"	4'32"
不及格	50	1960	2010	10.5	10.4	5.2	5.7	146	147	24	25	4'44"	4'42"
	40	1920	1970	10.7	10.6	4.4	4.9	141	142	22	23	4'54"	4'52"
	30	1880	1930	10.9	10.8	3.6	4.1	136	137	20	21	5'04"	5'02"
	20	1840	1890	11.1	11.0	2.8	3.3	131	132	18	19	5'14"	5'12"
	10	1800	1850	11.3	11.2	2.0	2.5	126	127	16	17	5'24"	5'22"

2. 加分指标评分表。

表9-7　男生加分指标评分表

加分	引体向上（次）		1000米跑（分·秒）	
	1~2年级	3~4年级	1~2年级	3~4年级
10	10	10	−35″	−35″
9	9	9	−32″	−32″
8	8	8	−29″	−29″
7	7	7	−26″	−26″
6	6	6	−23″	−23″
5	5	5	−20″	−20″
4	4	4	−16″	−16″
3	3	3	−12″	−12″
2	2	2	−8″	−8″
1	1	1	−4″	−4″

表9-8　女生加分指标评分表

加分	1分钟仰卧起坐（次）		800米跑（分·秒）	
	1~2年级	3~4年级	1~2年级	3~4年级
10	13	13	−50″	−50″
9	12	12	−45″	−45″
8	11	11	−40″	−40″
7	10	10	−35″	−35″
6	9	9	−30″	−30″
5	8	8	−25″	−25″
4	7	7	−20″	−20″
3	6	6	−15″	−15″
2	4	4	−10″	−10″
1	2	2	−5″	−5″

注：引体向上、1分钟仰卧起坐均为高优指标，学生成绩超过单项评分100分后，以超过的次数所对应的分数进行加分。1000米跑、800米跑均为低优指标，学生成绩低于单项评分100分后，以减少的秒数所对应的分数进行加分。

附表1：

《国家学生体质健康标准》登记卡（大学样表）

学校＿＿＿＿＿＿＿＿＿

姓名		性别		学号	
院（系）		民族		出生日期	

单项指标	大一			大二			大三			大四			毕业成绩	
	成绩	得分	等级	成绩	得分	等级	成绩	得分	等级	成绩	得分	等级	得分	等级
体重指数（BMI）（千克/米^2）														
肺活量（毫升）														
50米跑（秒）														
坐位体前屈（厘米）														
立定跳远（厘米）														
引体向上（男）/ 1分钟仰卧起坐（女）（次）														
1000米跑（男）/ 800米跑（女）（分·秒）														
标准分														
加分指标	成绩	附加分		成绩	附加分		成绩	附加分		成绩	附加分			
引体向上（男）/ 1分钟仰卧起坐（女）（次）														
1000米跑（男）/ 800米跑（女）（分·秒）														
学年总分														
等级评定														
体育教师签字														
辅导员签字														

部门盖章：　　　　　　年　　　月　　　日

注：高等职业学校、高等专科学校参照本样表执行。

附表2：

免于执行《国家学生体质健康标准》申请表（样表）

姓名		性别		学号	
班级/院（系）		民族		出生日期	
原因				申请人： 年　　月　　日	
体育教师签字			家长签字		
学校体育部门意见				学校盖章： 年　　月　　日	

注：中等职业学校及普通高等学校的学生，"家长签字"由学生本人签字。

三、《标准》测试的操作方法

（一）身高测试项目操作流程与规范

1. 测试目的：测试学生的身高，评价学生生长发育的水平。

2. 测试器材：身高计（机械身高计、电子身高计、全自动智能身高测试系统）。

3. 测试对象：小学至大学各个年级的学生。

4. 评价标准：与体重配合使用得到学生的体重指数。具体计算方法与标准见表9-3和表9-4。

5. 测试流程：

（1）测试前准备：身高计应靠墙放置在平坦的地面上，立柱的刻度尺应面向光源。测试人员要检查立柱是否垂直，连接处是否紧密，有无松动，若发现问题要及时纠正。使用机械身高计时，应对其"0"点进行检验，常用方法是使用"标准钢尺"放置在身高计底板上，检验身高计刻度，最小刻度不得大于0.1厘米，检验误差不得大于0.1厘米。使用电子身高计时，测试人员打开电源开关，将水平压板移至挡板处，按"按键"，显示屏显示90.0，表明身高计已进入工作状态。

（2）测试时要求：受试者赤足，背向立柱站立在身高计的底板上。躯干自然挺直。头部正直，两眼平视前方。保持耳屏上缘与眼眶下缘呈水平位。上肢自然下垂，两腿伸直，两足跟并拢。足尖分开约60度。足跟、骶骨部、两肩胛间与立柱相接触，呈"三点一线"站立姿势。

（3）读数和记录：使用机械身高计测量时，测试人员单手将水平压板沿立柱向下滑动至受试者头顶。读数时，测试人员双眼与水平压板水平面等高；记录员复述后进行记录；记录时，以厘米为单位，精确到小数点后一位。使用电子身高计测量时，受试者应按要求站立在身高计底板上，测试人员单手将水平压板沿立柱下滑至受试者头顶。显示屏显示身高数值；测试人员记录数值。使用全自动智能身高体重测试系统时，在测试主机上刷一卡通、身份证或二维码，受试者根据语音提示，自助完成测试，同时测试身高与体重，测试外设实时显示身高、体重及BMI三项数据，实现全自动测量。

6. 测试中常见的错误：受试者头顶上的发辫、发结未放开，饰物未取下，应让其放开发辫、发结，取下饰物后再测。受试者头过低或过高，耳屏上缘与眼眶下缘未呈水平位，或足跟、骶骨部及两肩胛间未与立柱相接触，或穿鞋站立于身高计上，应纠正后再测。

7. 注意事项：测试前，受试者不得进行剧烈体育活动和体力劳动。测试人员读数完毕后，要将水平压板推回到安全高度，以防碰坏水平压板或碰伤受试者。智能型身高计的水平压板是自动升降的，测试人员不要强行将其停止或上下移动，测试时严禁拔卡。

（二）体重测试项目操作流程与规范

1. 测试目的：测试学生的身体重量，与身高配合使用得到体重指数，可以有效地评价学生身体的匀称度和营养状况。

2. 测试器材：电子体重秤或杠杆秤、全自动智能身高体重测试系统，禁止使用弹簧体重秤。

3. 测试对象：小学至大学各个年级的学生。

4. 评价标准：与身高配合使用得到学生的体重指数。具体计算方法与标准见表9-3和表9-4。

5. 测试流程：

（1）测试前准备：体重计应放置在平坦的地面上，并进行灵敏度和准确度检验。灵敏度检验的方式是将备用的100克标准砝码加到体重秤上，如果显示屏上显示的读数增加了0.1千克，表示仪器灵敏度符合测试要求。准确度检验的方式是采用备用的10千克、20千克、30千克标准砝码分别进行称量，检验误差不得大于0.1千克。

（2）测试时要求：男性受试者身着短裤，女性受试者身着短裤、短袖衫，赤足；自然站立在体重计中央，保持身体平稳。

（3）读数和记录：以千克为单位，精确到小数点后一位。记录员复述后进行记录。使用电子体重计时，受试者按要求站立在体重计中央，3~5秒后显示屏显示体重数值，测试人员记录数值。使用全自动智能身高体重测试系统时，在测试主机上刷一卡通、身份证或二维码，受试者根据语音提示，自助完成测试，同时测试身高与体重，测试外设实时显示身高、体重及BMI三项数据，实现全自动测量。

6. 测试中常见的错误：受试者没有站立在体重计中央，穿鞋站立于体重计上或持物品站立于体重计上，应纠正后再测。

7. 注意事项：测试前，受试者不得进行剧烈体育活动或体力劳动，不要大量饮水。杠杆秤每天都要按照要求进行校验，避免系统误差。

（三）肺活量测试项目操作流程与规范

1. 测试目的：学生在尽最大努力吸气后，再尽最大努力呼气，所能呼出的气体量，可以成为测试学生肺容积和肺通气功能的常用指标。

2. 测试器材：肺活量测试仪，一次性吹嘴。

3. 测试对象：小学五年级至大学各个年级的学生。

4. 评价标准：具体标准见表 9-5 和表 9-6。

5. 测试流程：

（1）测试前准备：用标准气体容量测试器进行肺活量的检验，测试应在通风良好的房间内进行。使用电子肺活量计时，测试人员打开电源开关，待显示屏上的闪烁信号定格在"0"时，表明肺活量计进入了工作状态，测试人员应在测试前将插嘴装在文式管的进气口上，交给受试者，向受试者讲解测量要领，嘱咐其不必紧张。

（2）测试时要求：受试者呈自然站立位，手握文式管手柄，使导压软管在文式管上方，头部略向后仰，尽力深吸气直到不能吸气为止；然后，将嘴对准嘴口缓慢地呼气，直到不能呼气为止；以中等速度和力度吹气效果最好，不得中途二次吸气。呼气结束后显示屏上显示的数值即为肺活量值，测试两次，间隔时间不超过 15 秒。

（3）读数和记录：记录两次测试的最大值，以毫升为单位，不保留小数。使用智能肺活量计测试时，按照语音提示进行测量，测试数值将自动写入 IC 卡，并语音提示结果。

6. 测试中常见的错误：受试者测试时，导压管朝下或手堵住了出气口应纠正后再测量。

7. 注意事项：肺活量计计量部位的通畅和干燥是仪器准确的关键，导压软管必须在文式管上方，以免唾液等杂物堵住通气道。每测试 10 人及测试完毕后，要用干棉球及时清洁通气管内部。

（四）50 米跑测试项目操作流程与规范

1. 测试目的：测试学生 50 米快速跑的发展水平，反映学生移动速度、反应速度、灵敏素质及神经系统灵活性，评价学生的速度素质。

2. 测试器材：智能测试仪、发令旗、口哨和秒表。

3. 测试对象：小学至大学各个年级的学生。

4. 评价标准：具体标准见表 9-5 和表 9-6。

5. 测试流程：

（1）测试前准备：应在平坦地面上（地质不限）画长 50 米、宽 1.22 米的直线跑道若干条，跑道线要清晰。设一端为起点线，另一端为终点线。

（2）测试时要求：受试者至少 2 人一组，采用站立式起跑；当听到起跑信号后，立即起跑，全力跑向终点线。发令员站在起点线的侧面，在发出起跑信号的同时，挥动发令旗。计时员位于终点线的侧面，视发令旗挥动的同时，开表计时；当受试者胸部到达终点线的垂直面时停表。使用智能 50 米测试仪时，受试者站在起跑线后，测试人员按下"确认"键，机器发出"砰"的枪响后，受试者起跑，仪器显示计时时间。

（3）读数和记录：记录以秒为单位，保留小数点后 1 位；小数点后第 2 位数，按非"0"进"1"的原则进位。若使用智能测试仪，则受试者到达终点时计时停止，仪器自动将测试结果写入 IC 卡，并语音提示结果。

6. 测试中常见的错误：受试者踩、跨起跑线，抢跑或途中串道，应召回重跑。

7. 注意事项：测试前，受试者需做充分的准备活动；受试者应穿运动鞋或胶鞋，不能穿钉鞋、皮鞋、凉鞋参加测试；测试时如遇风，一律顺风跑。

（五）坐位体前屈测试项目操作流程与规范

1. 测试目的：测试学生在静止状态下躯干、髋、膝等关节可能达到的最大活动幅度，反映学生关节灵活性，韧带和肌肉的伸展性与弹性。

2. 测试器材：坐位体前屈测试仪（机械式电子仪器）、软垫。

3. 测试对象：小学至大学各个年级的学生。

4. 评价标准：具体标准见表 9-5 和表 9-6。

5. 测试流程：

（1）测试前准备：将坐位体前屈测试仪与软垫放置在平坦的地面上。使用电子测试仪时，测试人员打开电源开关，将游标推到导轨的近侧端，当显示屏上显示出"-20"或以下数值时，表明该仪器进入工作状态。

（2）测试时要求：受试者面向仪器，坐在软垫上，两腿向前伸直；两足跟并拢，蹬在测试仪的挡板上，脚尖自然分开 10 厘米~15 厘米。受试者双手并拢掌心向下平伸，膝关节伸直，身体前屈，用双手中指指尖匀速推动游标平滑前行，直到不能推动为止。使用电子测试仪时，受试者按照要求推动游标，按照语音提示进行测量，显示屏显示测试数值。受试者共测试 2 次。

（3）读数和记录：测试人员记录 2 次测试的最大值，以厘米为单位，精确到小数点后 1 位。记录时，游标超过"0"点，记录为正值；游标未超过"0"点，记录为负值。若使用电子测试仪，测试数值将自动写入 IC 卡，并语音提示结果。

6. 测试中常见的错误：受试者单手向前或双臂突然发力向前推动游标；身体前屈时，受试者膝关节弯曲或足跟与挡板分离，应纠正并重测。

7. 注意事项：测试前，受试者需做充分的准备活动；每次测试前，测试人员都要将游标推到导轨近端位置；测试人员要正确记录受试者测试数值前的"+""–"号。

（六）立定跳远测试项目操作流程与规范

1. 测试目的：反映学生下肢爆发力及身体协调能力。

2. 测试器材：丈量尺或智能立定跳远测试仪。

3. 测试对象：初中至大学各个年级的学生。

4. 评价标准：具体标准见表 9-5 和表 9-6。

5. 测试流程：

（1）测试前准备：采用丈量尺在沙面与地面平齐的沙坑或土质松软的平坦地面上进行测试；起跳地面要平坦，不得有凹陷，起跳线至沙坑近端距离不得小于 30 厘米。

（2）测试时要求：受试者两脚自然分开，站在起跳线后，双脚原地同时起跳。丈量起跳线后缘至最近着地点后缘之间的垂直距离，测试 3 次。使用智能立定跳远测试仪时，要将测试传感器摆放到平整的场地，受试者选择合适的起跳点，按动作要领，根据语音提示完成测试，起跳落地后从测试区正前方走出，测试 3 次。

（3）读数和记录：记录 3 次测试的最好成绩，以厘米为单位，保留 1 位小数。若使用智能测试仪，则自动录取最好成绩，并自动写入 IC 卡。

6. 测试中常见的错误：受试者起跳前两脚尖触线、过线或起跳时有垫跳、助跑、连跳等动作，应判犯规，须重跳。

7. 注意事项：测试前，受试者需做充分的准备活动；发现犯规时，此次成绩无效，3 次均无成绩者，须再跳，直至取得成绩为止；可以赤足，但不得穿钉鞋、皮鞋、凉鞋参加测试。

（七）1 分钟仰卧起坐测试项目操作流程与规范

1. 测试目的：测试学生的腰腹部肌肉耐力水平。

2. 测试器材：软垫、秒表、电子或智能仰卧起坐测试仪。

3. 测试对象：小学三年级至六年级的男女学生，以及初中至大学各个年级的女生。

4. 评价标准：具体标准见表 9-8。

5. 测试流程：

（1）测试前准备：软垫放于平坦、整洁的场地上，地质不限；受试者仰卧于软垫上，两腿稍分开，屈膝呈 90 度，两手手指交叉贴于脑后；同伴或测试人员按压其踝关节，以固定下肢。

（2）测试时要求：在测试人员发出"开始"口令的同时开表计时，记录 1 分钟内受试者完成次数。受试者坐起时，两肘触及或超过双膝为完成 1 次。使用电子或智能仰卧起坐测试仪时，受试者仰卧于测试板上。测试人员根据受试者躯干和下肢的长度调节托膝架和搁脚板位置，使受试者屈膝呈 90 度，按下测试板上的红色"开始"键。受试者听到蜂鸣器"嘀"的一声响后，开始完成 1 分钟仰卧起坐。

（3）读数和记录：记录受试者 1 分钟完成的次数，精确到个位；1 分钟到时，受试者虽已坐起但肘关节未触及双膝者不计该次数。若使用智能仰卧起坐测试仪，测试数值将自动写入 IC 卡，并语音提示结果。

6. 测试中常见的错误：受试者仰卧时，两肩胛没有触垫、双手没有抱头，膝关节没有屈膝 90 度或借用肘部撑垫或臀部起落的力量完成起坐时，该次不计数，立即纠正后继续测试。

7. 注意事项：测试前，受试者需做充分的准备活动；受试者双脚必须放于软垫上；测试过程中，测试人员应向受试者报数。

（八）引体向上（男）测试项目操作流程与规范

1. 测试目的：测试男生上肢肌肉力量和耐力。

2. 测试器材：高单杠或高横杠，杠的粗细以受试者手能握住为准。

3. 测试对象：初中至大学各个年级的男生。

4. 评价标准：具体标准见表9-7。

5. 测试流程：

（1）测试前准备：受试者面向单杠，自然站立；然后跃起正手握杠，双手分开与肩同宽，身体呈直臂悬垂姿势。

（2）测试时要求：待身体停止晃动后，两臂同时用力，向上引体；引体时，身体不得有任何附加动作；当下颌超过横杠上缘时，还原，呈直臂悬垂姿势，为完成1次。

（3）读数和记录：测试人员记录受试者完成的次数，以次为单位。使用电子引体向上测试仪时，应将臂带绑在受试者上臂中部。测试仪提示考生开始时间，并自动计数。测试完毕后，显示屏显示引体向上的次数。智能测试设备自动判别动作有效性，需下颌超过单杠，最后自动判定成绩。

6. 测试中常见的错误：受试者反手握单杠，应纠正；下颌达不到横杠上缘，或引体时身体有摆动、屈膝、挺腹等动作，该次不计数，立即纠正后继续测试。

7. 注意事项：测试前，受试者需做充分的准备活动；受试者向上引体时，2次引体向上的间隔时间超过10秒即终止测试；若受试者身高较矮，不能自己跳起握杆时，测试人员可以提供帮助；测试时，应有相应的保护措施，防止伤害事故的发生。

（九）1000米（男）/800米（女）跑测试项目操作流程与规范

1. 测试目的：测试学生的耐力素质，可以有效地反映学生心血管、呼吸系统的机能及肌肉耐力。

2. 测试器材：智能中长跑测试仪、发令旗、口哨和秒表。

3. 测试对象：1000米跑测试适用于初中至大学各个年级的男生，800米跑测试适用于初中至大学各个年级的女生。

4. 评价标准：具体标准见表9-7和表9-8。

5. 测试流程：

（1）测试前准备：测试应安排在400米、300米、200米田径场跑道进行，若场地不正规必须丈量准确，地面要平整，跑道线要清楚，地质不限。

（2）测试时要求：测试过程中，受试者至少2人一组，采用站立式起跑；当听到起跑信号后，立即起跑，全力跑向终点线。发令员站在起点线的侧面，在发出起跑信号的同时，挥动发令旗。计时员位于终点线的侧面，视发令旗挥动的同时，开表计时；当受试者跑完全程，胸部到达终点线的垂直面时停表。使用智能中长跑测试仪时，打开电源开关，受试者站在起点线后，当听到测试仪发出"砰"的枪响后，受试者起跑，仪器显示计时时间。受试者由第二道或第三道冲刺，阻断测试终端的红外开关后，计时停止；未完成最后一圈的受试者须从第一道通过，继续测试。仪器自动将测试结果写入 IC 卡。

（3）读数和记录：记录以秒为单位，先将成绩依分、秒写入相应的横线内，再换算成秒，填入方格中；保留小数点后 1 位；小数点后第 2 位数，按非"0"进"1"的原则进位。

6. 测试中常见的错误：受试者踩、跨起跑线或抢跑，应判犯规，须重跑；受试者测试完毕后，不可以立即坐卧休息，应慢走。

7. 注意事项：测试前，受试者需做充分的准备活动；在非 400 米标准场地上进行测试，测试人员应向受试者报告剩余圈数，以免跑错距离；受试者应穿运动鞋或胶鞋参加测试，不能穿钉鞋、皮鞋、凉鞋参加测试；记录人员进行分秒换算时要细心，防止出错；受试者通过终点线后方可减速。